AF391529

Histoires gauloises

Collection d'anas sous la direction de
LÉON TREICH

HISTOIRES
gauloises

nrf

LIBRAIRIE GALLIMARD
3, rue de Grenelle, Paris (VIᵉ)

A NOS LECTEURS

Nul ne saurait tout lire, tout entendre, tout noter. Les Histoires que nous publions ne sont qu'une infime partie des mots d'enfants, des anecdotes de vacances, des histoires de chasse, etc... qui courent le monde. Et sans doute sommes-nous bien décidés à omettre quantité de ces mots, de ces anecdotes, de ces histoires, parce que médiocres, mais encore en est-il beaucoup d'excellents que nous ignorons, que nous ignorerons toujours si nos lecteurs ne nous aident dans notre cueillette quotidienne.

Il y a quelqu'un qui a plus d'esprit que M. de Voltaire, c'est M. Tout-le-Monde. Nous demandons la collaboration de M. Tout-le-Monde.

Ami Tout-le-Monde, envoyez-nous les bonnes histoires, les anecdotes piquantes, les mots d'esprit que vous notez au cours de vos lectures, ceux que vous entendez autour de vous, ceux surtout que, pour amuser des convives de votre choix, pour faire sourire et, peut-être, rougir vos jolies invitées, vous imaginez joyeusement...

CONCOURS

Au moment de l'apparition de chaque volume de la Collection d'anas, il sera distribué : .

1° A l'auteur de la meilleure histoire retenue, un exemplaire de tous les volumes de la collection parus ou à paraître :

2° A chacun des auteurs des neuf autres meilleures histoires retenues, un exemplaire du volume auquel ils auront ainsi collaboré.

Les prochains volumes d'anas — ceux donc pour lesquels nous faisons plus particulièrement appel à nos lecteurs — seront des *Histoires littéraires, Histoires de chasse, Histoires médicales, Histoires ecclésiastiques, Histoires belges, Histoires alsaciennes, Histoires orientales*, etc...

Toutes communications devront être adressées à M. Léon Treich 3, rue de Grenelle, Paris (6ᵉ) ou 1, square Arago, Paris (13ᵉ)

Les vieux, très vieux Parisiens n'ont peut-être pas encore oublié la mystification à laquelle se livra, sur la fin de l'Empire, Villemessant, alors directeur du *Figaro*. Certaines lectrices se plaignaient parfois à lui de la légèreté des nouvelles à la main que publiait le spirituel journal de la rue Drouot. Villemessant résolut de voir si ces plaintes étaient très sincères.

Un beau matin, le *Figaro* parut comme d'habitude, à ceci près qu'au milieu des *Echos* on remarquait une place blanche, non imprimée, précédée des lignes suivantes :

« On vient de trouver dans les papiers de Nestor Roqueplan une lettre des plus curieuses. Nous n'aurions pu la reproduire *in-extenso* sans inconvénient.

» Nos lecteurs ne s'en seraient probablement pas plaints, ni nos lectrices en puissance de mari; mais il eût été impossible de laisser le journal entre les mains des jeunes filles.

» Aussi avons-nous pensé faire imprimer la partie scabreuse de cette lettre avec de l'encre sympathique, ne devenant visible que sous l'action de la chaleur. C'est la correspondance de Mme la duchesse de Berri avec Berryer qui nous a donné cette idée. »

Voici cette lettre :

« *Merci encore une fois, cher monsieur Roque-plan ; vous m'aurez sauvé plus que la vie. Je n'oublierai jamais ce que je vous dois. J'ai suivi votre conseil et je suis allée chez le docteur Cabarrus. Mon secret est à vous deux ; mais je sais qu'il est votre digne ami. Votre lettre a fait merveille ; je lui ai tout dit, comme à un confesseur. Pour me rendre l'aveu moins pénible, il a eu recours à toutes les ressources de son charmant esprit. Ma confession se faisait peu à peu et presque sans rougir. Je suis entrée triste et désespérée dans son cabinet, et j'ai failli rire aux éclats en sortant. C'est que la solution qu'il a trouvée est si drôle, que je dois vous la dire. Tout cela ressemble à ce que vous appelez un mot de la fin.*

« *Chère madame, me dit-il, je crois que...*

Ici se trouvait dans le *Figaro* la place blanche que nous venons de dire et qui occupait l'espace d'environ douze lignes ; au-dessous de ce blanc on lisait ces quatre mots :

...direz si j'avais raison. »

puis le journal continuait comme d'habitude.

Le soir même du jour où avait paru cet entre-filet, Villemessant alla faire visite à l'une de ses rigides lectrices.

— Ah ! M. de Villemessant, lui dit-elle aussitôt, rendez-moi un grand service ! voilà dix numéros du *Figaro* que je brûle avec des fers à repasser et je ne peux pas arriver à lire votre nouvelle à la main.

— Je vous préviens qu'elle est raide ! lui répondit Villemessant.

— Raison de plus, répartit-elle très sérieusement.

Le spirituel directeur du *Figaro* avoua alors qu'il avait voulu lui prouver, à elle comme à tant d'autres, que ses révoltes contre les soi-disant crudités des *Nouvelles à la main* n'étaient pas absolument sinoères ; elle convint de ses torts en riant et ne se plaignit plus.

Pour nous, nous avons considéré que, quelque respectables que soient les « prudeurs » de certaines des habituées de cette petite collection, les minutes étaient aujourd'hui trop précieuses, et les fers à repasser trop chers, pour qu'il nous fût possible d'employer le moyen dont notre grand confrère fit si joliment mine de se servir.

Aimables lectrices, pardonnez-nous, pour que nous puissions préparer sans remords les *Nouvelles Histoires Gauloises* que nous vous offrirons l'été prochain.

Voici une historiette de *Pourquoi pas ?*

Mme Chaussepied, la mercière, possédait un petit fox qui faisait l'admiration de toute la ville. Ses talents étaient nombreux et variés : on le voyait, portant fièrement dans sa gueule le panier aux provisions ; il faisait le salut militaire et éternuait au commandement. Mais le triomphe de Mme Chaussepied était d'avoir habitué son petit chien à aller tout seul à la boutique du pâtissier quand on lui donnait un sou. Il filait dans la rue, tenant son sou entre les dents, ouvrait la porte de la pâtisserie d'un coup de tête et déposait la pièce aux pieds de Mme Merleaux, la pâtissière, qui choisissait alors une madeleine et la donnait au petit fox. Celui-ci la rapportait à sa maîtresse, laquelle la lui rendait, par petits morceaux, en souriant d'attendrissement.

Un jour, un commis-voyageur fut invité par Mme Chaussepied à assister à une représentation complète des talents du petit fox ; le voyageur émerveillé voulut donner lui-même un sou au chien pour voir si, réellement, il rapporterait la madeleine annoncée. Le petit fox prit délicatement la pièce, se fit ouvrir la porte du magasin et fila dans la rue. Au bout d'un quart d'heure, ne le voyant pas revenir, le voyageur regarda dans la rue et aperçut, non loin du magasin, le petit fox en... conversation avec la chienne du boucher.

Il appela Mme Chaussepied et lui montra la scène.

Mme Chaussepied fort confuse, voulut malgré tout sauver la réputation d'intelligence de son chien, et au voyageur qui se tordait :

« Je vous jure, Monsieur, cria-t-elle, que c'est bien la première fois qu'il jette son argent à ça !... »

⁞⁞⁞

Et voici une histoire du *Rire* :

La petite ville de C..., dans le Midi, possède un commissaire de police grand amateur de théâtre et surtout d'artistes. Ceux de la Comédie-Française l'intéressent particulièrement et il le leur témoigne à l'occasion. Cependant, il ne connaissait pas l'illustre C... S... qu'un hasard heureux amena cet hiver au chef-lieu voisin, où notre amateur courut.

« Après la représentation, il fut présenté à la grande coquette et, admis à sa table, lui vanta les beautés de la région.

— A St-R..., lui conta-t-il, vous pourriez voir un monument fort curieux qui conserve le souvenir d'une légende locale dans un bas-relief assez scabreux d'ailleurs.

— Qu'est-ce donc ? interrogea C... S...

— Puisque vous m'y invitez, voilà : On raconte que le seigneur de St-R..., étant parti à la guerre, apprit à son retour que sa noble épouse l'avait trompé. Plein de colère, il imagina un châtiment affreux et ayant fait amener un étalon, lui livra sa femme. Le bas-relief retrace cette rencontre terrible et je possède un opuscule qui raconte au long toute l'histoire. Si vous me le permettez, je me ferai un plaisir de vous l'envoyer.

Alors, Célimène, avec toute sa grâce, se penchant vers le conteur, murmura :

— Envoyez-moi plutôt l'étalon !

⋮⋮⋮

C'était la *vogue* de Samoëns, c'est-à-dire la fête communale, et sur la place on voyait toutes sortes de belles choses, des jeux de hasard, des éventaires, des chevaux de bois et une de ces boutiques où l'on regarde par des verres et où l'on voit l'assassinat du président Carnot, l'arrivée des Russes à Paris, la réception du roi d'Espagne, etc... Deux femmes des environs, à la jupe courte et au grand chapeau de paille, voulurent aussi regarder par les « lunettes ». Les voilà qui disent : « Y è la réna d'Angleterr', é ça, y è l'Présiden d'la Republica. »

Un gas de leur village, les voyant bien absorbées, fait le tour de l'établissement, se déculotte, et met derrière le verre ce que vous devinez.

« Eh, dit la première, Josetta, c'k'j'vê ; j'vé ion cu. — Montre vé, dit l'autre en la repoussant, ion cu ? Eh non, c'é pa ion cu, c'é ion buro d'tabac ! — Ion buro d'tabac, Josetta ? non c'è pa ion buro d'tabac, c'è ion cu, j't'dé. »

Les voilà à se disputer, à se pousser, jusqu'à ce que la seconde triomphalement s'écrie : « T'vé bin qu'cé ion buro d'tabac, y a ion cigare pour enseigne é dou blagues darri la fnétra. »

∴∴∴

Les jeunes Hacksey-Bondy n'en sont pas encore au chapitre de l'adultère... Ils viennent, en effet, de se marier.

La nuit de noces se passe très gentiment. Mais le mari — qui est un peu fatigué — dit à sa femme après lui avoir donné un aperçu des plaisirs conjugaux :

— En voilà, ma chérie, pour quinze jours !

— Comment, pour quinze jours ?

— Oui, tu comprends, il faut nous ménager... Faisons des économies !... D'ailleurs, pour être bien sages, nous ferons chambre à part....

Madame — qui a des dispositions pour la bagatelle — fait la moue et ne répond pas...

Une nuit se passe, puis deux... Mais la troisième, Monsieur, qui venait de s'endormir, est réveillé par un « toc toc » discret.

— Qui est là ?

— Moi, ta petite femme,

— Que veux-tu ?...

— Dis, mon chéri, serais-tu assez gentil pour m'avancer une quinzaine ?

∴

Quand Lolotte fut à la veille de son mariage elle tint conseil avec sa mère à qui elle avait confié ses appréhensions.

— Enfin, maman, si nigaud qu'il soit, il s'apercevra sûrement que la porte est largement ouverte.

— Ne crains rien. Voilà une pommade merveilleuse qui te refera une virginité indiscutable. Arrange-toi pour t'en mettre une bonne couche où tu sais quelques heures avant de te mettre au lit, et le diable m'emporte s'il pourra y fourrer sans peine même son petit doigt.

Malgré tout, la maman n'était qu'à demi tranquille et le lendemain, dès qu'elle aperçoit son gendre :

— Alors, mon enfant, cela s'est-il bien passé ?

— Très bien, belle maman, très bien, mais je ne sais pas ce que j'ai ce matin, je ne peux pas ouvrir la bouche.

∴

A partir de 20 heures, sur la grande Place de Marrakech, les petits Berbères gagnent leur vie en conduisant les étrangers dans les rues dites réservées, c'est-à-dire chez les moukères...

— Excellence ti veux-ti voir une chaolie femme ?

— Comment, sale gosse, tu en connais des femmes ?

— Oui.

— Combien ?

— Trois.

— Lesquelles ?

— La mère à moi, belle, belle Mauresque...

— Et puis l'autre ?

— L'autre, ma sœur, très gentil, ti sais...

— Et la troisième ?

— La troisième, Excellence, c'est moi, si ti veux...

⁘

Après avoir pris sa retraite, un vieil officier voulut voir l'Algérie où jamais, pendant sa carrière, il n'avait eu l'occasion de servir.

S'étant aventuré seul, un soir, dans un certain quartier d'Alger célèbre par ses mœurs spéciales, il se voit entouré d'une bande de jeunes éphèbes au teint bronzé, qui l'escortent en lui faisant dans leur forme ordinaire, des offres de service.

— Pompi, moussu !... Pompi, moussu !... Pompi !

Au bout de quelques pas, l'excellent homme, énervé, et qui ne comprend rien à l'affaire, se retourne et, levant une canne menaçante :

— Fichez-moi la paix, à la fin, s'écrie-t-il ! Je ne suis pas pompier, je suis capitaine de territoriale !

⋮⋮

Dialogue entre eux :

— Tu t'es marié voilà un an déjà, Gontran, moi, je me marie dans quinze jours... J'ai recours à ta déjà vieille expérience : dois-je acheter un lit pour deux personnes ou deux lits jumeaux ?

— Ni l'un ni l'autre, Gaston. Il faut faire chambre à part.

— Tu plaisantes cruellement, Gontran !

— Je suis aussi sérieux qu'il est possible d'être sérieux, Gaston ; tu as fait appel à une déjà vieille expérience : c'est elle qui te répond.

— Est-ce que ta femme et toi ?...

— Ma femme et moi faisons chambre à part, parfaitement. Et c'est peut-être à cause de cela que nous nous aimons plus qu'hier et bien moins que demain.

— Mais... quand tu veux témoigner ta tendresse à ta femme !

— Je siffle et elle arrive en souriant.

— Et quand c'est elle qui éprouve le besoin de s'épancher ?

— Alors, elle ouvre ma porte sans frapper et, une fois dans la pièce, elle demande avec un sourire : « Tu as sifflé, mon ami ? »

⁞⁞⁞

C'est une histoire que *Sur la Riviéra* entendit raconter sur une plage du Nord.

Un jeune homme faisait, au Casino, la cour la plus assidue à une charmante jeune fille blonde. Tous deux, en particulier, dansaient des tangos d'une intimité peut-être trop grande, sinon pour les spectateurs désintéressés, du moins pour les amis des deux danseurs qui s'en inquiétèrent. Un matin, même, des camarades du jeune homme lui firent remarquer l'inconvenance de sa conduite, et son imprudence en même temps. Le père de la blonde arrivait, le soir, de Paris ; s'il voyait son enfant danser avec tant d'ardeur, que dirait-il ?

Notre danseur protesta qu'il adorait sa partenaire, qu'il la fréquentait pour le bon motif, mais qu'enfin, puisque ses amis le lui conseillaient, il mettrait dans ses ébats chrorégraphiques plus de discrétion.

Et pour être certain de ne pas mentir à sa promesse, il passa son après-midi auprès d'une vieille camarade qui se chargea d'apaiser son tempérament trop expansif.

Vinrent le soir et l'ordinaire fête au Casino. Malgré tout, le jeune homme ne put résister au désir de danser avec son aimée. Mais la fillette, serrée contre son ami, semblait, ce soir-là, bien déçue. Non... non... son flirt n'était pas le même... Que lui manquait-il ?... Un je ne sais quoi... Enfin, au milieu de la danse, la jeune fille ironique, demande à son ami : « Fâché » ?

Et ce fut lui qui rougit.

⁑

La blonde et candide Agnès va se marier. Comme il se doit, elle prélude par un bon petit nettoyage général de conscience et se présente au tribunal de la pénitence.

Mais au lieu d'égrener le chapelet de ses péchés mignons — et pour se donner du cœur, sans doute — la jolie pénitente s'attarde à l'énumération des actes méritoires qui, à son sens, doivent lui attirer l'indulgence divine :

— Mon père, je récite dévotement ma prière du matin et du soir...

— Bien, mon enfant !

— Mon père, je suis assidue, chaque dimanche, à la messe et aux vêpres...

— Très bien, mon enfant !

— Mon père, je fuis la médisance et le mensonge...

— Parfait, mon enfant !

— Mon père, je n'ai jamais fait de tort à personne, ni rien dérobé...

— De mieux en mieux, mon enfant !

— Mon père, je vénère mes parents et pratique la charité chrétienne envers mon semblable.

— Ma chère fille, vous vivez en sainte...

— Depuis six mois, mon père...

:::

M. Joseph Prudhomme, assis au café, écoute la conversation des jeunes gens installés à la table voisine. Soudain, il se lève, se découvre et dit :

— Messieurs, je suis M. Joseph Prudhomme, expert en écriture près les tribunaux. C'est vous dire que je m'honore de connaître notre belle langue française. Cependant je n'ai pas compris l'expression dont l'un de vous s'est servi tout à l'heure : « Faire minette » et je vous saurais gré de me l'expliquer.

L'un des interpellés répond :

— Faire minette, cela signifie lécher les parties sexuelles d'une personne que l'on aime.

M. Joseph Prudhomme enfonce son chapeau d'un air indigné, salue sèchement et se rassied en lançant cette apostrophe vengeresse :

— Mossieu, j'aimais beaucoup feu mon père, mais jamais je ne me suis livré sur sa personne à d'aussi regrettables attentats.

* * *

Nénette et Nini entrent chez la fruitière et choisissent longuement deux superbes bananes.

— Combien ? questionne Nénette.

— Sept sous pièce.

— C'est cher.

— Prenez en trois, pour vingt sous.

Nénette et Nini s'interrogent du regard et Nini décide :

— Ma foi, prenons en trois, nous mangerons la troisième.

* * *

Dans ce village, le curé et le notaire ont pris l'habitude de s'inviter à tour de rôle, le jeudi de chaque semaine. Bien que le notaire soit mécréant, les deux amis arrivent toujours à s'entendre devant une bonne bouteille ou quelque plat savoureux.

Il arrive souvent au curé de parler, en soupirant, de certain plat d'écrevisses qu'il a mangé, il y a longtemps, quand il était encore vicaire au chef-lieu.

Ce jour-là, le notaire, de passage à la ville, avise des écrevisses à l'étal d'un poissonnier. Il en achète, et, comme c'est au tour du curé de régaler, il porte son emplette, en cachette, à Marie, la servante de son hôte, en lui donnant les indications nécessaires à la préparation de ce nouveau plat. Puis, il ajoute, goguenard, en levant le doigt :

« Alors, Marie, quand elles seront cuites, on saura bien si, oui ou non, vous partagez la chambre de M. le curé.

— Comment ça ? fait Marie abasourdie.

— Si vous couchez avec le curé, les écrevisses deviendront rouges. »

Et il s'en va, satisfait de sa plaisanterie.

Le soir venu, le notaire arrive ; on se met immédiatement à table. Le potage passe. Puis on attend en échangeant les nouvelles du jour. L'attente se prolonge .

« Eh bien ! Marie, fait le curé, et la suite ?

— Oui, Monsieur le curé, dans un moment, répond Marie, du fond de la cuisine.

Un temps, M. le Curé s'impatiente.

Marie, enfin, fait son entrée, tenant à bout de bras le plat fumant d'écrevisses.

Et, aussi rouge qu'elles, en le déposant sur la table, elle déclare à son maître, stupéfait :

« Je vous avais bien dit, Monsieur le curé, que ça se saurait ! »

:::

Une dame de New-York, Mrs Lilian Rollins, vient d'être l'héroïne d'une aventure assez piquante. Mrs Lilian Rollins, mariée à Mr. Robert Rollins, demande le divorce parce qu'elle s'aperçoit, au bout de deux ans de mariage, que son mari est... une femme.

— Qu'une dame épouse une autre dame, c'est, remarquait dans un salon très parisien un de nos meilleurs humoristes, dans l'ordre des choses possibles. Avec ces sacrées modes de cheveux courts et de figures rasées, une jeune fille n'est jamais bien sûre du sexe de son fiancé. *Sweetheart, darling, dear little thing* sont, au surplus, des noms d'oiseaux que la langue anglaise applique également aux deux sexes. Allez donc vous y reconnaître ! Mais qu'une jeune épousée mette deux ans à s'apercevoir d'une aussi essentielle erreur sur la personne que celle dont se plaint Mrs Lilian Rollins, voilà qui est plus fort que de jouer au bouchon.

— Plus fort... et tout à fait différent. murmura une jeune fille qui écoutait...

⁖⁖⁖

On donne chez Mme de X... un bal costumé. L'invitation porte : l'habit et le smoking sont interdits : venir déguisé en titre de chanson à la mode.

Deux jeunes femmes se présentent au contrôle; toutes deux ont la taille serrée sous un élégant smoking.

— Halte-là, Mesdames. fait l'ordonnateur, cette tenue n'est pas admise.

— Possible pour les hommes, répartit l'une d'elles, mais nous n'appartenons pas à ce sexe ! Nous sommes donc déguisées.

— Exact... mais alors... le titre de la chanson ?

— *Nous n'avons pas de bananes !*

⁖⁖⁖

Comme S... sort du Casino vers les trois heures du matin, la petite Germaine M... offre de lui faire un pas de conduite.

Ils n'ont pas fait dix mètres, que ce pas de conduite se révèle surtout comme un pas d'inconduite.

Mais à toutes les offres de sa jeune compagne, S... oppose le refus le plus catégorique.

— Hélas ! explique S... bon enfant, à la jeune poule dépitée. Ce n'est pas que vous ne soyez charmante, mais j'ai soixante-six ans, et à mon âge... dame...

— Mais, ne vous en faites pas pour ça ! réplique la douce enfant. Mon dernier ami avait deux ans de plus que vous, et j'ai un secret — qui me vient du temps où j'étais à Saint-Denis — qui en faisait chaque soir un nouvel homme.

— Vraiment ? interroge S... intéressé.

— Je vous le jure sur ma mère. Seulement dites donc, si je vous l'apprends, vous serez généreux hein !

S... réfléchit une seconde, s'arrête et sourit :

— Ecoute, dit-il, je n'aime pas beaucoup les dépenses inutiles. Moi je ne te donnerai qu'un louis ; seulement demain matin tu iras trouver ma femme et tu lui confieras ton secret. Je la connais, elle ne te donnera certainement pas moins de dix billets.

:::

C'était une aimable P. T. T. affectée, dans un bureau de poste de la rive gauche, au guichet du télégraphe. Etant devenu amoureux d'elle, Maugis passait son temps à lui remettre des dépêches quelconques envoyées à des adresses prises à tout hasard dans le *Bottin* : c'était tout ce qu'il avait trouvé pour parler à sa belle !..

— Combien cette dépêche ? demandait-il...

— Vingt-six sous...

Parfois c'était trente-deux sous, parfois dix-sept, le plus souvent dix... (Ceci se passait en des temps lointains, avant la guerre). Et, d'un air indifférent, sans paraître s'apercevoir de l'assiduité du spirituel romancier, elle expédiait ses télégrammes à des gens qui devaient être bien surpris en lisant leurs textes incompréhensibles.

Enfin, un beau jour, Maugis se risqua à lui passer une formule télégraphique sur laquelle il avait écrit ces seuls mots : *Je vous aime* !

Et, par habitude, il lui demanda :

— Combien ?

— Un louis ! répondit-elle simplement...

:::

La belle Mme Lamouillette trompait son vieux mari avec le jeune et fringant Oscar.

La chose était connue de tout le monde, excepté du principal intéressé.

. Mais tant va la cruche à l'eau...

Un jour, une lettre anonyme apprit à Lamouillette qu'il ne pouvait plus passer sous la porte Saint-Denis.

Le pauvre Sganarelle, qui doutait encore, employa le truc bien connu : voyage subit et retour imprévu.

Naturellement, il trouva sa chère moitié dans les bras de son amant, et tous deux dans le simple costume d'Adam et Eve avant la pomme.

Mme Lamouillette cacha sa honte sous les draps. Quant au bel Oscar, dont le courage n'était pas la vertu dominante, il se hâta de se rhabiller. Mais, voilà, il n'arrivait pas à enfiler ses souliers vernis. Il avait beau tirer, pousser, il n'y parvenait pas. Enfin, prenant une résolution, il s'approcha de Lamouillette, et très humble :

— Vous n'auriez pas une corne ?

⁘

C'est Curnonsky, le délicieux auteur (avec Bienstock) de *T. S. V. P.* et du *Wagon des fumeurs*, qui a trouvé celle-ci ; il nous la conte dans l'*Humour* :

Mme Lucrèce Borgia donnait à dîner ce soir-là à toute sa famille, qui comprenait, comme chacun sait, un tas de frères, beaux-frères et petits cousins dont elle était plus ou moins la maîtresse.

Par un singulier hasard, le festin se déroulait sans fracas.

La plus franche cordialité ne cessait de régner, et aucun des convives n'avait encore été empoisonné.

Les plus jolies femmes de Florence, de Pise, d'Arezzo et de Rome formaient autour de la table une couronne de beauté et de grâce... que c'était comme un bouquet de fleurs. La plupart d'entre elles — et d'ailleurs quelques seigneurs aussi — regardaient avec le plus vif intérêt un jeune page de quinze ans, beau comme un ange, et qui se tenait respectueusement derrière le fauteuil de son maître, le redoutable

condottiere Guiseppe Caldobronzini. Ce ravis-
sant éphèbe prenait aux mains des laquais les
plats et les vins destinés au condottiere et les
goûtait d'abord (car chez Lucrèce Borgia, on
ne savait jamais !...) puis les plaçait devant son
maître.

Au moment du dessert, le joli page eut une
distraction et laissa tomber quelques gouttes
de crème sur l'épaule du terrible seigneur. Quelques convives en conçurent le secret espoir que
Caldobronzini allait faire fouetter séance tenante
le mignon chérubin.

Mais le condottiere se contenta de dire à son
page, en le menaçant du doigt, cette phrase
mystérieuse :

— Ce soir. polisson. ce sera sans pommade !

Et, dans cette Italie du seizième siècle, où
l'on savait ce que parler veut dire, chacun
comprit pourquoi le joli page éclata en sanglots.

⁚⁚⁚

Cet Anglais entra en maître dans le cabinet
du grand chirurgien.

— Dear Sir, je vôlais demander vô de faire
à moa une petite opération.

ε

— Bien, Monsieur.

— Je vôlais vous châtrer moa... comprenez-vô ?

— Mais, Monsieur, ce genre d'opération est excessivement grave... Avez-vous bien réfléchi ? Il n'y a que dans des cas tout à fait spéciaux que..

— Je demande vous pardon, mais je vôlais que vous faites.

— Si vous l'exigez, je m'incline ; mais il faut que vous me donniez votre consentement par écrit.

— Yes, je signe.

L'opération est faite, et, la veille de la sortie de la clinique, le chirurgien va faire une dernière visite à l'insulaire :

— Mon cher Monsieur, je vous annonce que vous pourrez quitter l'établissement demain, pour rentrer chez vous. Mais, avant votre départ je voudrais bien savoir pourquoi vous avez voulu vous faire opérer. Bien franchement c'est la première fois que semblable demande m'a été faite. J'ai pourtant, dans ma carrière, fait bien des opérations ; très fréquemment, par exemple, j'ai dû circoncire, et je...

Alors, l'Anglais, l'interrompant brusquement :

— Aoh ! docteur, circoncire !... Goddam ! ce

était précisément le mot que je avais voulu
dire !...

:::

Guibollard consulte son médecin. Celui-ci
l'a palpé, ausculté, examiné sur toutes les cou-
tures. Enfin :

— Mon bon ami, ayez du courage !... vous
êtes menacé de paralysie.

— De paralysie !!! Diable ! mais dites, docteur, ce n'est pas de paralysie générale, au moins?

— Non, non... rassurez-vous. Du côté gauche, seulement.

— Du côté gauche ! Bigre !.. vous permettez ?..

Et le docteur voit l'excellent homme se hâter
de changer quelque chose à l'ordonnance de
sa toilette intime.

— Eh ! que faites vous là ?

— Je vais vous dire, docteur... Jusqu'ici,
je portai à gauche... Alors, étant donné ce que
vous venez de me dire, je sauve les meubles...

:::

Le bon châtelain Duchnoc ennuie ses amis
toute la journée avec son chien policier. Un

matin qu'il était allé, avec quatre ou cinq amis, faire un tour de parc, Japh résolut d'en ffnir :

— Veux-tu que je te dise, Duchnoc ? Trompette est un cabot comme les autres, et je parie qu'il n'est même pas capable d'aller chercher mes gants, que j'ai oubliés dans le petit salon.

Duchnoc bondit :

— Eh bien... tu vas voir... ici Trompette.

Et s'adressant à Japh :

— Fais-lui sentir tes mains, cela suffira.

Trompette flaira soigneusement les doigts, qu'on lui présentait puis fila comme un trait dans la direction du château.

Dix minutes plus tard, il revenait triomphalement, portant entre ses dents le pantalon de la femme de chambre.

⋮⋮⋮

La main passe.

Paul M... revient de passer une permission de sept jours au château de S..., qui appartient au vieux baron D... Et voilà qu'aussitôt rentré à l'hôpital où il est sergent gestionnaire, son ami, le major à trois galons, l'interpelle amicalement :

— Dites donc ! M..., j'en ai appris de belles !...

— Quoi donc ?

— Là-bas... à S... oui, oui... il paraît que vous avez tourné la tête à la jolie baronne.

— Mais non... mais non...

— Ne vous défendez donc pas. On vous a vu, certain soir, derrière un rideau de peupliers. Vous touchiez au bonheur...

— Peuh !... du bout des doigts...

⁙

Un des meilleurs échos de l'*Humour* :

La blonde et plantureuse concierge d'un immeuble des Champs-Elysées reçut, l'autre matin, un colis adressé à une de ses locataires qui est actuellement en villégiature. Ce colis était une caisse longue de un mètre soixante environ sur cinquante centimètres de large.

Or, la blonde et plantureuse concierge, comme toutes nos filles d'Ève et comme toutes les... concierges, est curieuse.

Sans hésiter, à l'aide d'une fausse clé elle ouvre la caisse.

Cette caisse contenait un homme en caoutchouc, lequel tenait à la main un morceau de papier, sur lequel était imprimé ceci

« Manière de s'en servir.
« Tourner dix fois la clé au-dessus du » nombril et l'homme en caoutchouc fonction- » nera ».

La concierge n'attendit pas. Elle tourna dix fois la clé de l'homme en caoutchouc, alors il se produisit une chose extraordinaire et effroyable.

L'homme en caoutchouc se précipita sur elle et l'enserra dans ses bras comme dans un étau.

Ce qu'il fit ensuite, nous laissons à nos lecteurs le soin de le deviner.

Qu'il nous suffise, pour les mettre sur la voie, de leur révéler que la locataire à laquelle était destiné le colis, était une dame encore jeune, mais veuve depuis deux ans.

Il était deux heures de l'après-midi quand cet horrible événement se produisit. A six heures le concierge rentra de son travail et l'homme en caoutchouc n'avait pas encore lâché sa proie.

— Tu me trompes avec un nègre ! s'écria le mari courroucé.

— Non, mon chéri, c'est un homme en caoutchouc ! implora la malheureuse... Fais-le lâcher...

je suis brisée... je n'en puis plus... je me meurs...

L'homme en caoutchouc, on s'en doute, restait sourd à toutes les supplications et même à toutes les menaces. Infatigablement. avec une ardeur superbe, il continuait à fonctionner.

Le concierge eut alors — tout arrive ! — une idée de génie. Comme l'étiquette collée sur la caisse portait le nom du fabricant, il se précipita au téléphone.

— Allo ! allo ! la maison X ?

— Oui, Monsieur.

— Un renseignement s'il vous plaît... Comment arrête-t-on vos hommes en caoutchouc ? Il y en a un ici qui fonctionne depuis plusieurs heures ; impossible de le faire lâcher.

La réponse dut être terrible, car l'infortuné concierge se laissa tomber sur un siège. La sueur inondait son front ; il était devenu livide et ses cheveux avaient tout à coup blanchi.

— Que t'a-t-on répondu, mon chéri? Parle... je t'en prie... faisait la pauvre femme. Je suis morte.

Alors le concierge, d'une voix tragique :

— Il n'y a rien à faire, il est remonté pour vingt-quatre heures.

∴∴

Ceci se passe dans un petit village d'Ecosse, où a lieu une grande fête locale. La nuit tombe. Un bonhomme, traînant un ours apprivoisé, cherche de porte en porte un logement où passer la nuit. Les deux auberges sont bordées : plus une chambre à trouver... En fin de compte, après beaucoup de recherches, il tombe sur un particulier qui veut bien le loger, mais chez lequel il n'y a ni écurie, ni grange pour remiser le pauvre ours.

— Je n'ai plus qu'une soupente... et encore ! dit le brave villageois : ma bonne y passe la nuit.

— Oh ! qu'à cela ne tienne, répond le bonhomme, vous pouvez hardiment y mettre ma bête : elle est dressée à la perfection et d'une douceur rare...

Convaincu, le villageois tombe d'accord, et l'ours est mis dans le grenier.

Pendant la nuit, le maître dresseur, pris de scrupules, et malgré tout légèrement inquiet sur le sort de son ours, se lève et grimpe doucement au grenier.

Comme il fait obscur et qu'il entend un bruit, il s'arrête pour écouter : c'est la voix de la servante qui dit :

— Mais mon ami, voilà la cinquième fois que tu recommences et tu n'as pas encore enlevé ta fourrure ! (1)

∴∴

Nuit de réveillon. Monsieur et Madame, avant de se coucher, pensent à mettre dans la cheminée de Pierrot les jouets traditionnels. Madame place le tout dans sa chemise et entre dans la chambre de Bébé. Celui-ci ne dort que d'un œil et attend avec impatience l'arrivée du Père Noël. Voyant dans la demi-obscurité cette forme blanche qui avance silencieusement, il se tient coi et examine les beaux joujoux.

Le lendemain, Pierrot a l'air tout soucieux en regardant ses jouets. Maman, qui s'inquiète, demande :

— Voyons, tes joujoux ne te plaisent donc pas ? Regarde ce tambour, cette belle panoplie...

— Oui, m'man, mais où est le bonnet à poil ?..

(1) Voir *Histoires anglaises*, 1 vol, (N. R. F.).

:::

Pour être un homme politique en vue, cet
illustre mathématicien n'aime pas moins la
bagatelle. Il serrait, de près, depuis plusieurs
mois, une des beautés les plus connues des
milieux politico-scientifiques, mariée à un jeune
chimiste d'un bel avenir. La beauté, enfin, se
rend et profitant d'un court voyage de son mari,
elle succombe entre les bras du grand mathématicien... qui était au comble du bonheur
quand, inopinément, rentre le mari. Celui-ci,
très furieux, (il y avait de quoi !) envoie à son
rival heureux le plus formidable coup de
pied qu'aient jamais reçu fesses de mathématicien. Ce dernier que seul ce choc intempestif
avertissait de la présence imprévue autant que
brutale du chimiste, tourne brusquement la
tête, et reconnaissant le mari, il constate, avec
un sang froid qui ne lui est pas habituel :

— Vous voilà bien avancé, monsieur, vous
êtes cocu de deux centimètres de plus !

⁂

C'est Willy qui nota celle-ci :

Mlle Glé-Glé, au nom délicieusement oriental, est une des protégées d'un de nos plus verts députés (quoique politiquement rouge), d'un département du Midi.

Il y a quelque temps, notre honorable alla rendre visite à Glé-Glé. Cette dernière était en train de se baigner dans le cristal d'une onde pure, tandis que, par aventure, un jeune faune assistait à ses ablutions.

— Madame, cria la soubrette, voilà monsieur !

— Mon Dieu ! Je suis perdue ! Cache-toi, mon ami, vite ! vite !

Le malheur voulut que l'élégant faune, ému, oubliât son chapeau.

Glé-Glé s'en aperçut juste au moment où son protecteur entrait ; que faire ? Elle plongea le couvre-chef dans l'eau... et s'assit dessus !

Mais au cours de la conversation, profitant d'un instant d'inattention de Glé-Glé, le chapeau malicieux s'échappa, et remonta sournoisement à la surface.

Soucieux, le député braqua son lorgnon :

— Tiens, tiens, qu'est cela ?

Alors Glé-Glé, sans se troubler, sonna la bonne, et, lui montrant l'épave flottante, s'écria :

— Et vous osez, Julie, appeler cela de l'eau filtrée !

Un jour que Paul Mounet, géant athlétique
et bon vivant, rentrait chez lui, après un de ces
soupers bien arrosés qu'il affectionnait particulièrement, il se sentit pris d'un besoin bien
naturel. Point d'édicule en vue. Le tragédien
arrive devant sa porte et ne se sent pas le
courage d'attendre ; fredonnant gaiement un
air de caf' conc', bien planté sur ses jambes, il
se met en demeure d'opérer contre le mur. Non
point comme le commun des mortels l'eût fait,
mais tel un héros de Rabelais, à un mètre de
la cible pour mieux juger de l'effet.

Deux jeunes femmes viennent à passer. La
rue était étroite. Le spectacle surprend les pas-
santes — dont la plus âgée, pudiquement, veut
faire rebrousser chemin à la cadette.

Ce que voyant, Paul Mounet rugit, s'adressant à ce que vous pensez bien :

— La paix, Formidable, la paix !

Formidable était un surnom d'amitié, vous
le devinez.

Puis rappelant les fuyardes, il leur crie :

— N'ayez pas peur. Je le tiens solidement, il ne vous fera pas de mal.

⁘

Fantasio n'a pas voulu dire de nom. Sachons seulement qu'il s'agit de deux personnalités parisiennes du théâtre et du scalpel.

La diva vient voir discrètement le docteur X..., spécialiste réputé, et lui expose sa requête.

— Elle voudrait bien s'amuser un peu, mais craint les enfants qui briseraient sa carrière et son corps.

— Mon Dieu ! madame, rien n'est plus facile, ma femme se sert de petits engins...

Et il sonne :

— Marie, allez cherchez dans le tiroir de Madame la petite boîte nº 1.

La soubrette sort, puis revient :

— Monsieur, Madame est sortie.

— Cela ne fait rien, dit le docteur, apportez la petite boîte.

— Monsieur... Madame... a emporté la petite boîte !

:::

Mme de H... a un album qu'elle présente impitoyablement, nous dit encore la revue d'Henry de Forge, à tout nouveau venu un peu célèbre. Pirandello lui ayant été amené, la dame lui tend l'album et le dramaturge écrit :

$$\frac{venir}{un} \quad \frac{pir}{un} \quad \frac{rire}{un} \quad \frac{ventre}{un}$$

— Quelle est cette énigme ? dit la dame ahurie.

— Un souvenir, un soupir, un sourire et un sous...

— Ah ! dit la dame, je ne donne jamais que les trois quarts de ce qu'on me demande.

— Alors, commençons par la fin ! » dit Pirandello.

:::

Cette courte scène se déroule dans une maison que... qui... enfin, dans une maison très fréquentée.

Un brave rentier de province y vient un soir

oublier le mauvais caractère et le physique fané de sa femme.

Il s'y choisit une éphémère compagne aux avantages fort appétissants.

Mais toutes les chambres sont occupées et il lui faut attendre son tour au salon.

Tandis qu'il s'installe dans un fauteuil, la fille se met au piano et chante. La voix est claire et bien timbrée.

Le client s'étonne :

— Avec cette voix-là, pourquoi n'as-tu pas fait de théâtre ?

— Oh ! proteste la pensionnaire, mes parents n'auraient jamais voulu !

⁝⁝⁝

Sacha Guitry monte rarement en métro. Mais, pourtant, cela lui arrive quelquefois.

Le hasard le place un jour vis-à-vis d'une jeune fille qui, accompagnée de sa mère, prend des postures émancipées et croise ses jambes de telle sorte que sa jupe relevée laisse voir le haut des bas et les cuisses.

Tous les voyageurs ont les yeux fixés sur cette

chair blanche. La jeune demi-vierge fait celle qui ne s'en aperçoit pas.

Alors Sacha Guitry avec une politesse exquise :

— Pardon, Mademoiselle, ça ne vous gêne pas que je garde mon pantalon ? (1)

⁙

Sur la cheminée de la petite chambre occupée par Alfred Jarry, on voyait un énorme emblème de Priape en fièvre, haut d'environ soixante-quinze centimètres, un curieux travail japonais offert par Félicien Rops au jeune écrivain. Jarry en recouvrait généralement le sommet d'une housse de velours violet, depuis le jour où le turbulent monolithe avait attiré l'attention d'une dame de lettres qui n'avait pas craint de monter les sept étages du « père Ubu ».

La visiteuse, un peu myope, avait regardé de près l'étrange objet, sans discerner exactement sa nature. En fin de compte : « Est-ce un moulage ? » avait-elle demandé.

Et Alfred Jarry de répondre, avec l'accent du Père Ubu dans ses meilleurs jours :

— Non, Madame, c'est une réduction !...

(1) *L'Esprit de Sacha Guitry*, un vol. (N.R.F).

⁞⁞⁞

En présence : un brave Sénégalais, une petite femme de Paris... et, discrètement en tiers, l'échotier du *Sourire*.

Un trottoir réunit le Sénégalais et la petite femme, un hôtel les rapproche davantage encore.

« Belle blanche » avait dit le nègre. « 25 francs » avait dit la dame. Ils s'étaient compris.

Au lendemain matin, au sortir des draps, le nègre voit que sa petite amie a considérablement grossi :

« Qui ti as ? demande-t-il inquiet. — Je ne sais pas, répondit la blanche enfant. — Mais ti malade ; ti divrais voir li toubib. »

Après résistance il la persuade et l'entraîne chez un docteur à qui il explique la chose. Le docteur examine la malade, lui palpe le ventre et se tournant vers le Sénégalais lui dévoile le mal :

« Hydropisie. »

« Comment i trop bisi, dit le nègre furieux, mais i bisi qu'une fois. »

⁂

M. Pelletan, alors ministre de la marine, avait été visiter à Toulon l'escadre et avait emmené avec lui une dame de ses amies. Il explique au préfet maritime qu'il veut voir par lui-même, et qu'il n'a besoin que d'être escorté par un matelot.

Et le voilà qui monte sur une échelle conduisant au pont du *Jeanne-d'Arc*, lui en tête, puis la dame, puis le matelot fermant la marche. Il faisait beaucoup de vent, et le matelot très intéressé, regardait en l'air. Oh ! le joli point de vue !... Le ministre s'aperçoit du manège, et, furieux, il demande au préfet de trouver dans l'arsenal du Code une punition exemplaire pour ce marin qui a oublié le respect dû à une dame amie du ministre. Puis l'inspection continue, et comme tout se passe bien, Pelletan lève toutes les punitions.

— Exceptée celle du matelot ? demande le préfet.

— Bah ! lui dit le ministre, celle-là aussi.

— Tant mieux, ma foi, car je lui avais appliqué l'article 124 du Code maritime qui dit : « Tout matelot qui aura constaté une fissure par laquelle une voie d'eau peut se produire, qui n'en aura pas rendu compte, et qui n'aura pas cherché à la boucher par ses moyens personnels, sera passible du Conseil de guerre. »

∵∴∵

C'était, assure *Paris-Flirt*, une petite femme charmante, mais affligée d'une manie : elle était spirite et croyait dur comme fer aux matérialisations, tables tournantes et apparitions.

Son ami vint la visiter ce soir-là. Ils prirent le thé, quelques gâteaux et un doigt de porto.

Après quoi, toutes lumières éteintes, la charmante créature, pâmée dans les bras vigoureux, soupira :

— Dis-moi, Oscar, m'aimes-tu ?... m'aimes-tu sincèrement ? Réponds...

Puis, comme elle était spirite, elle ajouta :

— Deux coups pour oui, un coup pour non.

∵∴∵

Un de nos plus grands politiciens, M. Barthou, qui se repose actuellement sur ses lauriers civiques, aime parfois à conter des anecdotes. Il illustrait un jour, au Palais d'Orsay, la politique italienne de savoureuses petites histoires dans le genre de celle-ci, qui montre bien le goût transalpin pour ce qu'il appelle *la combinazione.* D'ailleurs, notre époque n'est-elle pas celle de la combine ?

Or, contait M. Barthou, une Italienne se confessait à un moine.

— Oh ! mon père, j'ai commis une faute incommensurable.

— Eh ! quoi donc, mon enfant ?

— J'ai trompé mon mari...

— Ne serait-ce que cela ?

— Oh ! non, ce n'est pas tout, c'est bien plus grave. Je l'ai trompé... je ne sais comment vous dire. On prétend que le diable fait ses farces dans cette position-là... Bref, l'amour m'avait mis la tête à l'envers !... et à mon ami aussi...

— Oh ! oh ! s'exclame le moine d'une voix tonnante : *Que gran peccato !*

Puis, se réinstallant, renversant la tête, les yeux mi-clos comme s'il voyait la scène, il ajoute tout bas d'un ton admiratif :

— Mais... *quelle belle combinazione* !

::: :::

Bien qu'elle ne soit plus de la toute première jeunesse, la toujours capiteuse vedette avait inspiré à l'un de nos derniers aristocrates authentiques une assez violente passion.

L'artiste ne repoussa pas les avances du gentilhomme ; elle lui exposa seulement qu'étant libre actuellement, mais sollicitée d'un autre côté par un riche industriel, elle lui donnerait, à lui bien volontiers, la préférence, à condition qu'il prît à sa charge les dépenses journalières, c'est-à-dire qu'il payât la modiste, le loyer du petit hôtel, le personnel domestique, l'amortissement de la limousine, sans préjudice du bijoutier et des cadeaux mensuels en espèces. Le gentilhomme au blason dédoré fut considérablement refroidi par cet exposé. Il fit appel à l'esprit libertin de ses ancêtres et, rentré chez lui, écrivit à l'objet de sa flamme que ses moyens ne lui permettaient pas de commettre une aussi coûteuse folie, pour la seule joie d'avoir le monopole de certain petit bien, qu'il désigna assez crûment, usant du nom symbolique courant.

Vexée, la comédienne se promit de donner une

leçon à ce dédaigneux et peu galant personnage.

Le premier avril dernier, le gentilhomme reçut une bourriche qui, sitôt déficelée, donna passage au plus affreux et plus galeux chat de gouttière qu'on puisse imaginer. Un billet accompagnait l'envoi portant ces simples mots : « Celui-ci vous coûtera moins cher à nourrir ».

⁙

Un soir, comme il cheminait, rue de Rivoli, Barbey d'Aurevilly fut pris d'un besoin pressant. Avec la désinvolture d'un seigneur du grand siècle, le « connétable des lettres » entreprit de se soulager sur-le-champ. Négligence : il se tenait à deux ou trois mètres du but. Survint un gardien de la paix et de la pudeur.

— Vous ne pourriez pas vous approcher du mur ? dit-il d'un ton rogue.

Alors Barbey, sourcils froncés, menton sur l'épaule, avec une intonation qui n'admettait pas de réplique :

— Voudriez-vous donc que je m'écorchasse ? répondit-il.

⁖⁖⁖

Jamais, assure le *Sourire*, le nombre de jeunes femmes pilotant des autos n'a été aussi grand que maintenant. Et cela vaut parfois à certaines d'entre elles des aventures aimables.

Dernièrement une de nos plus sympathiques artistes, Mlle M..., revenait de Saint-Germain-en-Laye, toute seule dans sa petite auto, quand elle aperçut un monsieur en panne sur le bord de la route.

Elle allait passer indifférente lorsqu'elle reconnut un financier qui l'avait protégée pendant un certain temps et qui l'avait plaquée de façon assez mufile.

L'occasion s'offrait belle de le railler ; elle s'arrêta et d'une voix douce, très douce, demanda :

— En panne sur la route ? Le lit ne vous suffit donc plus ?

⁖⁖⁖

L'autre soir, nous dit le malicieux *Canard Enchaîné*, chez Mme M... (fournitures à l'armée), on lisait un article admirable dans lequel un de nos grand romanciers racontait qu'il était monté en hydravion. Et on en était à ce passage où il dit :

Il n'est pas très recommandable de regarder juste entre ses jambes pour voir l'abîme...

— Tiens ! je ne savais pas que *ça s'appelait comme ça*, interrompit une jeune petite dame assurément un peu étourdie.

Il y eut un froid et, dans les coins, comme des rires étouffés. Les lèvres se pincèrent. Et le lecteur reprit :

... à travers les lattes mal jointes qui forment le frêle plancher.

Mais les esprits étaient ailleurs.

⁘

Cette brune et jolie comédienne est volage et ses amis sont variés et nombreux ; aussi, peu désireuse de donner des soldats à la Patrie, prend-elle certaines précautions qu'elle impose d'ailleurs à ses éphémères camarades.

L'autre matin, sa femme de chambre trouva dans son lit un tout petit instrument, qu'elle examina longuement, puis elle s'en fut voir la gouvernante ; or, celle-ci se trouve depuis quelques années au service de la comédienne et connaît bien ses habitudes. Elle n'hésita pas une seconde sur la nature de l'objet, mais, ne voulant sans doute pas froisser la pudeur de la candide soubrette, elle eut cet euphémisme :

« Ça, c'est le parvis de Notre-Dame !... »

∴∴

Noté par Chamfort :

A propos d'une fille qui avait fait un mariage avec un homme réputé jusque là assez honnête, Mme de L... disait : « Si j'étais une catin, je serais encore une fort honnête femme ; car je ne voudrais point prendre pour amant un homme qui serait capable de m'épouser »

∴∴

Du Journal des Goncourt :

On nous conte, en tournant dans cet insipide manège de Mabille, un beau mot de fille. Il appartient à Mlle A. C... En soirée un monsieur lui propose de la reconduire. Elle dit :

« Oui. » A un second, elle dit : « Peut-être. »
A un troisième, n'y tenant plus, elle s'écrie :
« Sacré cochon de métier, où l'on ne peut pas
prendre des ouvrières ! »

:::

La jolie Liliane B... avait débuté en « faisant
le nu », au music-hall. Mais aux environs de 1914,
les tribunaux ayant coupé une partie de son
rôle, Liliane ne jouait plus les *apothéoses* que
pour deux intimes, deux connaisseurs : « Petit-
Ami » et « Bon-Ami ».

La guerre survient. « Petit-Ami » est dans
les tranchées, où il regrette désespérément sa
chère Liliane. Fort heureusement, « Bon-Ami »
est un homme d'âge ; il est resté, et, grâce à
lui, Liliane ne souffre pas trop de la rigueur des
temps.

« Bon-Ami » est un homme d'affaires. Joail-
lier souvent, tapissier parfois, marchand d'auto-
mobiles à l'occasion, il rachète aux petites amies
de Liliane, provisoirement gênées, les bijoux, les
meubles ou les autos qu'il leur revendra en des
jours meilleurs. Pendant la guerre, il contribua
à la Défense Nationale en concluant avec l'Admi-

nistration Militaire des marchés qui ne lui font pas regretter ceux du temps de paix.

Aussi dépense-t-il sans compter ; ou, plutôt, comme s'il ne comptait pas, car il tient soigneusement ses livres. A preuve ce dialogue que surprit un soir *La Vie Parisienne* :

— Je me suis livré, chère amie, disait Bon-Ami, à un petit calcul. Savez-vous bien que chaque fois que j'ai eu le plaisir de vous aimer, il ne m'en a pas coûté moins de cent francs.

— Que ne m'aimez-vous plus souvent, répondit la douce Liliane ; il ne vous en coûterait que cent sous.

⁙

L'une fait de la peinture déplorable, mais, comme elle a des relations masculines avec qui elle a les complaisances nécessaires, elle est arrivée à une notoriété parfaitement imméritée, à des mentions honorables pour elle, mais déshonorantes pour les jurys qui les lui ont accordées et même à un ruban de chevalier de la Légion d'Honneur qu'elle arbore triomphalement à la pointe de son sein peu farouche. L'autre fait simplement l'amour, mais elle le fait bien et elle a, en outre, le mérite d'avoir de l'esprit et de l'avoir rosse quand il faut. Il y a quelque temps, elle disparut de la circulation, puis on la revit escortant une nourrice qui portait un beau bébé rose et frais. C'est en cet équipage qu'elle rencontra la barbouilleuse de toiles. Ces dames se connaissent, mais ne sympathisent guère.

— Comment allez-vous, ma chère ? demanda la peintresse. Mais que vois-je ? Un gosse ! Comment avez-vous donc attrapé ça ?

La maman montra dédaigneusement du doigt le ruban rouge :

— Oh ! fit-elle, comme vous avez attrapé ça.

∴∴∴

C'est un comte authentique dont le nom rappelle celui d'une petite ville minière de Saône-et-Loire. Il frise déjà la cinquantaine, mais il consacre malgré cela la plus grande partie de son temps à la toilette et à... l'amour.

Il avait remarqué ces temps derniers, dans un coquet petit théâtre de genre voisin des boulevards, une jeune danseuse qui se prénomme Paula, et sans perdre de temps, il offrit à la belle de faire avec lui, dans sa limousine, un tour au Bois.

Celle-ci accepta.

A peine en route, le comte se mit à jouer une pantomime des plus expressives... La danseuse prise à l'improviste et voulant faire un semblant de défense se saisit alors du chapeau du vieux beau et le faisant passer par la portière, elle cria au don Juan :

— Lâchez-moi ou je lâche le chapeau !

Et l'artiste qui nous conte elle-même cette histoire d'ajouter :

— Le misérable m'a lâchée !

:::

Un de nos plus spirituels auteurs dramatiques recevait dernièrement une invitation à dîner avec sa fille chez une comtesse, femme fort aimable, mais dont la vertu laisse quelque peu à désirer. A l'heure dite notre auteur arrive seul.

« Comment ! lui dit-on, vous n'avez pas amené votre fille ! Et pourquoi donc ?

— Pour deux raisons, chère madame : *la seconde*, c'est qu'elle a un très gros rhume ! »

HISTOIRES MARSEILLAISES ET GASCONNES. (1)

Dans le train, entre Toulouse et Cette.

Marius s'installe dans un compartiment de première ; soigneusement il tire son pantalon et se plonge dans la lecture du *Petit Marseillais*. Malheureusement il n'est pas seul ; un bon Toulousain est monté qui, à peine le train démarré, se met à faire des vocalises.

Au bout d'une demi-heure, Marius commence à en avoir assez et dit :

— Monsieur, si c'était un effet de votre bonté, je pourrais peut-être lire mon journal tranquille.

— Mais, monsieur, je répète : je vais chanter la *Juive*, demain soir, au grand théâtre de Cette ; j'ai besoin de me faire la voix.

Marius ne dit mot, par respect pour le répertoire mais au bout d'un moment, il défait quelque

<hr>

(1) Elles sont innombrables ; mais les meilleures ont déjà été recueillies par Edouard Ramon et Edouard Dulac (*Histoires marseillaises, Histoires gasconnes*, Editions de France, 2 vol.), par Marsolleau et Curnonsky dans *l'Humour*, et elles ont été trop bien contées par eux pour que nous puissions songer à les récrire. Qu'ils nous permettent de les citer abondamment.

peu son pantalon et se livre, sur lui-même, à des exercices, disons manuels : le ténor aperçoit l'objet du délit.

— Mais enfin monsieur, vous êtes un fameux dégoûtant : faire ça devant moi !...

— Pas plus dégoûtant que vous, monsieur, je fais la même chose.

— Comment monsieur !

— Eh oui ! vous, demain soir, vous allez jouer la *Juive*, eh bien ! moi, je me marie demain, alors, vous voyez je répète...

⁞⁞⁞

La femme de Marius est bien malade ; il fait venir le docteur.

Après avoir examiné la malade, celui-ci prend Marius à part et lui dit :

— Eh ! bien, monsieur, est-ce que vous êtes un homme ?

— Bougre, si je suis un homme ! Je n'ai pas peur, vous pouvez me dire toute la vérité.

— Ce n'est pas pour ça, elle n'est guère malade, votre pauvre femme. Ce qu'il lui faut, c'est son mari.

— Mais puisque je vous dis que je suis prêt à tout !

— Eh bien ! faites-le, faites-le plutôt deux fois qu'une. La maladie de votre femme, elle n'est pas grave. Toutes les nuits vous pouvez lui administrer le remède.

— Si ce n'est que ça, docteur, je me charge de le lui administrer même le jour.

Deux mois plus tard, Marius rencontre le docteur :

— Pour une ordonnance, c'en était une, vous savez. Si vous voyiez Mme Marius aujourd'hui, elle est magnifique, elle se porte à merveille.

— Vous voyez bien que j'avais raison.

— Ah ! pour sûr, mais vous auriez bien dû m'indiquer ce remède l'an dernier : quand je pense à ma pauvre grand'mère !...

⁘

Histoire d'une distraction ou comment Marius, faute d'un chiffre, a perdu sa bastide.

Cette bastide, un bijou de bastide aux environs de Marseille, était mise en tombola. Et Marius, qui désirait vivement la gagner, avait fait une neuvaine à Notre-Dame-de-la-Garde, afin d'avoir des lumières d'en haut sur le numéro qu'il fallait prendre.

La « Bonne Mère » est si bonne que la neuvième nuit de la neuvaine, Marius eut un rêve. Il vit, pendant son sommeil, debout au pied de son lit, un ange, un ange du bon Dieu, qui, tout à coup, se tourna, lui montra son derrière et sur chacune de ses fesses posa une de ses mains, l'index allongé et les autres doigts repliés. Et Marius lut sur ce derrière comme dans un livre ouvert. Vé ! parbleu ! clair comme le jour ! c'est le numéro 11 qu'il fallait prendre. Et il prit le numéro 11.

Bouffre ! c'est le numéro 101 qui sortit. Marius n'avait pas fait attention au zéro du milieu !

⁝⁝⁝

Mariette entre chez son voisin Olive, coiffeur sur le Port-Vieux.

— Olive, tu veux me garder ma petite, qué ? tu seras bien brave. Je vais jusqu'à la Poissonnerie, dans une demi-heure je suis de retour.

— Bien sûr, laisse la petite.

Au bout d'une heure ou deux, Mariette revient

et trouve sa petite en train de... jouer avec un jouet strictement personnel à Olive, un jouet pour adulte... Alors Mariette s'indigne :

— Bougre de porc, tu n'as pas honte ? un homme de ton âge, de débaucher une petite pareille ?

— Pardon ! Tu aimerais mieux peut-être que je la laisse jouer avé les rasoirs ?

⁝⁝

Connaissez-vous la belle légende des trois frères de Pépieux ? Non ? la voici, telle que la rapporte Edouard Dulac :

En ce temps-là vivait, en Aragon, une jeune princesse belle comme le jour, plus riche que la mer et plus puissante que le roi de France. Le prince son père eût bien voulu la marier. Elle-même n'avait point d'autre désir, et vous pensez que les prétendants ne manquaient pas. Mais ils fuyaient tous, abandonnant beauté, puissance et richesse, dès que les médecins de la cour les avaient prévenus, sur l'ordre même de la princesse — car elle était honnête — d'une certaine particularité qui faisait d'elle une femelle redoutable pour le mâle le plus entreprenant. Elle

était, à ne vous rien celer, dotée d'une conformation... comment dire ?... tellement vaste que
la trompe d'un éléphant des Indes s'en fût
trouvée humiliée.

Et les ans passaient, et la princesse désespérait de découvrir un époux à sa mesure.

--- Parbleu ! dit, un jour, un voyageur, il
n'est qu'un endroit au monde où l'on puisse
dénicher cet oiseau rare : c'est à savoir, à Pépieux,
en Gascogne !

Aussitôt, la jeune princesse décida de se
mettre en route et, suivie d'une nombreuse
escorte, passa les Pyrénées. On descendit la
vallée de la Gimone.

A mesure qu'avançait la caravane, montait
jusqu'à elle la réputation des hommes de Pépieux.

Ces hommes-là recueillaient l'admiration universelle pour ce qu'ils possédaient, à peu près
tous, un organe excessif, démesuré, phénoménal...
cet organe que tel illustre maître du barreau
devait, plus tard, désigner par cet euphémisme :
« la clé des générations futures ».

A Pépieux, la princesse d'Aragon se fit désigner la famille qui s'enorgueillissait de perpétuer les plus beaux spécimens d'une si précieuse
espèce.

Comme elle approchait de la maison qu'on lui avait indiquée, elle aperçut un jouvenceau gaulant des noix avec sa... « clé ».

— Caramba ! s'exclama la princesse, qui avait reçu une excellente éducation.

Et elle se mit à questionner le gauleur de noix.

— C'est très pratique, dit-il avec simplicité. Je risque seulement de casser quelques branches en tapant trop fort, et tout le dommage est pour l'arbre... Mais, ajouta-t-il, si vous voyiez mon frère !...

— Menez-moi voir votre frère, vite !

Et les yeux de la belle princesse lançaient des étincelles.

Le frère labourait. Mais il ne s'était point mis en peine d'attelage et de charrue. Le soc, c'était sa... « clé ». Et la « clé » aussi aiguë que rigide ouvrait un sol granitique, faisant voler en éclats mottes et cailloux.

— Bietdaze ! cria la princesse qui avait le don des langues.

— Ah ! madame, dit le laboureur modeste, si vous voyiez mon frère aîné.

— Où est-il ? Vite, courons à sa rencontre...

Le frère aîné se prélassait dans les verts pâturages qu'arrose la Gimone. Mais quand la princesse et sa suite atteignirent la rivière, il était sur la rive opposée et nul pont ne s'offrait à la vue.

— Qu'à cela ne tienne ! dit le guide ; mon frère est un adroit pontonnier.

Il fit un signe et l'aîné des frères de Pépieux abattit sa « clé » sur le lit de la Gimone ; la princesse d'Aragon et toute sa suite empruntèrent sans peine cette passerelle originale. La princesse ne ménagea point ses compliments au pontonnier. Mais c'est, paraît-il, le laboureur qu'elle prit pour époux, estimant comme tant de gens compétents en la matière que fermeté vaut mieux encore que longueur.

⁖⁖⁖

Mlle Lina Trouchette connaissait la vie. Non contente de donner de sa personne, chaque fois qu'il avait fallu, et il avait fallu souvent, elle avait dirigé assez longtemps un asile de filles non repenties et rien de ce qui était de l'homme ne lui était étranger. Cette carrière bien remplie n'avait pas été sans la façonner à souhait. Elle était large en tout, jusque dans ses idées.

Et cependant, Mme Aglaure Trouchette, quoique n'ignorant rien des avatars et performances de sa fille, car c'est elle-même qui, dès ses plus jeunes ans, lui avait montré le chemin à suivre et mis, si l'on ose s'exprimer ainsi, le pied à l'étrier du bidet, Mme Aglaure Trouchette, à la veille de ce grand événement qu'est la cérémonie nuptiale pour une enfant qu'on a couvée, sentait s'angoisser son cœur de mère, et qu'il était convenable et décent qu'elle donnât à sa fille quelques suprêmes recommandations.

Et c'est pourquoi, le soir du mariage, et comme les nouveaux conjoints se préparaient à gagner leur chambre, elle dit à l'épousée, tout en se tamponnant les yeux :

— Ma chérie, pour le cas où l'amour t'aurait, comme l'assure le poète, refait une virginité, je t'ai préparé tout ce qu'il faut. Tu trouveras un petit pot sur la table de nuit. Elle est boriquée.

De fait, quelques instants plus tard, Lina se glissait dans le grand lit des amours régulières, non sans s'être ointe abondamment pour le sacrifice, comme une véritable victime rituelle !

Mais, comme elle appelait tendrement auprès d'elle son mari, elle fut tout à fait surprise de l'occupation bizarre à laquelle se livrait celui-ci.

En effet, il avait déposé sur la cheminée sa montre dont il avait décroché la chaîne, et cette chaîne, il l'enroulait avec le plus grand soin autour de — citons ici le bon La Fontaine, et soyons classiques — autour de

> Ce qui servit au premier homme
> A conserver le genre humain.

Du coup, Lina se dressa sur son séant dodu, et les yeux ronds :

— Qu'est-ce que vous faites donc là, mon chéri ? demanda-t-elle.

Il répondit :

— Vous voyez, ma chérie. Je mets un anti-dérapant !

⁞⁞⁞

A l'hôtel Lasbats, un voyageur fatigué cherche en vain le sommeil. Dans la chambre contiguë, un cliquetis régulier, monotone, obsédant se fait entendre et l'empêche de fermer les yeux.

N'y tenant plus, il sonne le garçon de nuit :

— Garçon, dit-il, priez donc la dactylo d'à côté de cesser, à une pareille heure, de taper sur sa machine.

— Il n'y a pas de dactylo, monsieur.

— Pas de dactylo ? Mais alors...

— Ecoutez, monsieur, je vais vous dire : c'est un veuf...

— Un veuf ?...

— Oui, un veuf... qui porte des manchettes en celluloïd...

:::

La petite Antoinette vient de se confesser. Sa sœur arrivant à l'église, la trouve debout près du bénitier, la main tendue, immobile dans l'eau.

— Mais qu'est-ce que tu fais, Antoinette, à rester comme ça, la main dans le bénitier ?

— C'est M. le curé qui me l'a dit comme pénitence.

— Et qu'est-ce que tu avais donc fait ?

— Ce que j'avais fait ! Ben, j'avais un peu « touché » le petit Pierre.

— Et M. le curé t'a dit de tremper la main pour pénitence ?

— Hé oui !

— Alors écoute, lève-toi de là. Moi je n'irai pas me confesser, mais je vais m'asseoir dans le bénitier.

Quelques instants après arrive leur grande sœur, qui est tout ébaubie de trouver ses deux cadettes dans une posture au moins singulière. Elle en demande la cause. Quand elle la connaît, elle déclare à son tour :

— Vé, mes petites, levez-vous de là toutes les deux, parce que moi, à bien réfléchir, je crois que pour pénitence il faut que je le boive, le bénitier.

⋮⋮⋮

Philomène est fille de chambre de Batistou cocher au château d'Ansan.

Philomène est provocante de croupe et Batistou chaud de la pince, comme on dit.

Leurs chambres sont rapprochées, dans les communs.

Une nuit, la fille entend une voix enrouée qui l'appelle :

— Philomène !... Philo !... ouvrez-moi !...

Elle fait la morte.

Mais on insiste. Et des coups retentissants font résonner sa porte.

— Si vous saviez, Philomène... Si vous saviez avec quoi je frappe !...

Philomène vint vite ouvrir...

∴∴

Marius a dû se vanter. Ce Marius ! Vraiment
il a exagéré... trop. Même à Marseille, il y a des
limites. Marius a raconté qu'en une heure, en
changeant à chaque fois de partenaire, il avait
fait neuf fois ce que vous devinez. Neuf fois !...
En une heure !... Avec neuf partenaires !...
Non, c'est trop. On ne le croit pas... On le traite
(à Marseille !) de menteur. Précisément, le
voici ; on va l'interroger.

— Té, Marius, est-ce vrai ce qu'on raconte...
que tu aurais dit... En une heure ! neuf fois ! et
avec neuf partenaires différentes ?

Marius, bienveillant, s'arrête, écoute... Il fronce
le sourcil. Enfin, nettement :

— Le fond est vrai, dit-il.

— Ah !

— Oui, mais ce n'est pas à moi que la chose
est arrivée : c'est à ma sœur !...

∴∴

Marius fait un voyage avec Titin. Malheureusement, le wagon n'a pas de couloir. Tout

d'un coup, Titin se sent pris d'un malaise, d'un malaise qui empire. Si bien qu'il finit par dire à Marius :

— Tu me pardonneras, mais je ne peux plus tenir ; je vais me mettre à la portière.

Titin de s'installer et de passer hors de la portière une partie de son individu.

Marius dit :

— Eh bien ! pendant ce temps, je vais en profiter. Je vais faire le reste de l'autre côté.

Au même instant, une charmante jeune fille, qui voyage dans le compartiment voisin avec sa mère, met innocemment son visage à la portière, côté Titin et aperçoit une rotondité imprévue.. Elle recule précipitamment et s'en vient, toute rougissante, de l'autre côté. Horreur, elle aperçoit... bref, le côté Marius. Alors elle se recule épouvantée et confesse à sa mère :

— Oh ! Maman, je n'aurais jamais cru que ça pouvait être si grand que ça...

— Ah ! de cette pauvre Mme Cascavel, si vous aviez vu cette veuve, et comme elle se rappelait son mari ; ça faisait peine, voyez-vous.

» Une fois, je l'avais accompagnée au cimetière où, tous les jours, elle allait sur la tombe de son pauvre Gonzague, pour prier et pour l'évoquer. Et elle lui parlait, elle lui racontait les potins du village, tellement qu'on aurait cru qu'elle parlait à un vivant...

» Ah ! je la vois encore, accroupie sur la tombe, et ce jour-là je ne sais pas si elle était un peu exaltée, ou bien simplement si c'était une herbe qui la chatouillait quelque part; mais elle se trémoussait et, tout d'un coup, peut-être que l'herbe ou le souvenir la chatouillait trop, elle dit à son défunt : « Ah ! Gonzague, tu seras bien toujours le même ! »

⁝⁝⁝

On parle naufrages.

— Un jour que j'étais au delà de Planier, conte Olive, bien en train de poser mes filets, je ne sais comment je fis, mais je tombai à l'eau. Et zou ! une vague d'éloigner ma barque et de la retourner. Mais vaï ! plutôt que de me faire du mauvais sang, je me suis mis sur le dos pour ne pas me fatiguer et je suis rentré en faisant la planche.

— J'ai mieux que ça à ton service, réplique Marius. La fois où je suis allé en Corse, sur la tartane de Pamphile, je m'en souviendrai toute ma vie. Une de ces tempêtes, mes amis ! Soudain, au milieu de la nuit, un coup de vent, une lame pas le travers, et voilà votre Marius à la mer... Vous croyez que je me suis ému ? Eh ! que non ! Sauf votre respect, en me mettant le pouce dans le..., je suis rentré à la godille.

— Coquin de sort ! il n'y a pas là de quoi s'étonner — c'est Titin qui parle, cette fois. — Moi, un jour que je m'en revenais d'Algérie, je suis tombé à l'eau. Pauvre de moi, que je me suis pensé. Tu vas perdre cette bonne existence. Adieu, les parties de manille, adieu les dimanches au cabanon, adieu la petite amie !... Ah ! de regretter tout cela, et ma Quique, surtout, tant bravette et si amoureuse, ah ! cela m'a fait un effet, voyez-vous, mais un effet !... Alors, j'ai fait la planche, j'ai tiré le mouchoir et... je suis rentré à la voile.

∴∴

— Et quoi de neuf, Roumegas ?
— Pas grand'chose, sauf que, samedi, j'ai

voulu prendre le bateau pour l'Algérie où je devais aller depuis si longtemps. Mais vois-tu, ça m'a fait tant de peine de quitter Marseille, oh ! ça m'a fait peine, tellement que, quand on a eu dépassé le phare de Planier, il m'a pris une nostalgie !

Alors, à ce moment, un autre bateau s'avançait et venait vers la Joliette ; je me suis dit : « Comme ils sont heureux ceux-là, de s'en retourner à Marseille ! » Et le bâtiment s'approchait. A un moment le voyant si proche, il allait presque frôler mon bateau, il n'y avait pas 50 mètres entre nous, je n'y ai plus tenu, j'ai pris mon élan et d'un seul bond je me suis lancé sur le navire. Et voilà, c'est tout. C'est ainsi que je suis des vôtres pour la manille de ce soir... Mais, toi, Cassoute, quoi de nouveau ?

— Pas grand'chose non plus. A part ça que ma femme m'a fait un petit.

— Oh ! coquin ! et tu ne le disais pas ? Cela s'est bien passé ?

— Ça s'est passé d'une façon extraordinaire. Imagine-toi que, au lieu de le faire par devant, elle l'a fait par derrière !

— Par derrière ! Allons ce n'est pas possible, tu te fous de moi. Ne garcèje pas ! qué !

— Comment, je me fous de toi ! Tout à l'heure est-ce que je t'ai chicané pour tes 50 mètres ? Non. Et toi tu me chèrches chicane pour deux travers de doigt ? Tu n'es pas un collègue ...

:::

Marius s'est fait « greffer ». Que voulez-vous ? Il vieillissait et Madame faisait souvent, trop souvent la moue. Aux grands maux, les grands remèdes. Donc Marius s'est fait greffer. Dans la semaine qui suit l'opération il s'en va remercier le chirurgien qui l'a opéré et lui payer ses honoraires :

— Eh bien! s'enquiert celui-ci, avez-vous été satisfait ? Etiez-vous... un peu là ? comme vous dites.

— Oh ! certainement ! monsieur le docteur ! Et même... beaucoup là, je vous remercie !

— Eh ! eh ! tous mes compliments !

— Oui, mais...

— Il y a un « mais » ? quoi donc ?

— Eh bien ! une chose qui m'étonne, et qui ne m'était jamais arrivée ! Je ne sais pas bien comment vous expliquer... enfin : je suis là, n'est-ce pas ? j'y suis un peu, beaucoup, et même trop, à la fin ! comprenez-vous ? Après que j'ai eu prouvé à ma femme toute la sincérité de mes sentiments, *je ne peux plus me séparer d'elle* ! Au moins pendant un bon moment ! Et après, aussitôt, c'est plus fort que moi ! Il faut que je me lève, et que j'aille, le long de mon armoire à glace, monsieur le docteur, faire de l'eau en levant une jambe en l'air ! J'ai beau me raisonner, ma femme peut me crier dessus, rien n'y fait ! Il faut que je pisse sur mon armoire !

— Ah ! ah ! — déclara le docteur, — je vois ce que c'est ! Vous concevez ? pour huit cents francs, je ne pouvais pas vous greffer du singe : le singe est hors de prix ! alors, il a fallu que je truque. Je vous ai greffé du chien !

. . .
. . .

Marius est venu à Paris, avec tous les membres du Club de la Sirène, pour participer à la traversée de Paris à la nage, et sa victoire paraît tellement certaine que ses amis s'en sont allés directement au pont Alexandre III pour attendre son arrivée.

Enfin voici le premier nageur, le gagnant ; mais ce n'est pas Marius. Ni le second, ni le troisième, ni le quatrième, ni le dernier. Alors, inquiets, les amis de Marius s'en retournent au pont National pour avoir des nouvelles, et ils trouvent Marius sur le bateau devant une limonade.

— Et alors, Marius, cette course ? Qu'est-ce qui se passe, tron de sort ?

— Ah vous ne comprenez pas. C'est pourtant bien simple. Quand je suis parti, je suis été dans le peloton de tête tout de suite. Seulement, à côté de moi, il y avait une Ondine... Et puis, de voir tellement de jolies femmes qui me regardaient, sur les rives, ça m'a fait de l'effet, mais un effet...

— Et alors ?

— Et alors ! je pouvais plus nager : je draguais le fond !

— Eh ! couillon ! Tu pouvais pas nager sur le dos, en faisant la planche ?

— J'ai bien essayé ; seulement... y avait les ponts.

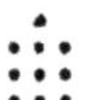

Olive a beau être habitué aux galèjades de Marius, il en est qu'il ne peut encaisser sans protestations. Et ce jour-là, il prévient, une fois de plus, son vieil ami :

— Ho Marius ! ne force pas ! il y a des fois où tu exagères !

— Tu crois ?

— Eh oui. Alors, comme ça fait mauvais effet, si tu veux, quand nous serons ensemble, je te ferai signe, et tu pourras rectifier.

— Entendu.

Une heure plus tard, au café Marius et ses amis parlent bonnes fortunes, prouesses amoureuses et records physiques. Quand vient son tour, Marius proclame :

— Je suis certain que, pour moi, si ce que je pense était un perchoir, il y pourrait tenir à coup sûr douze perruches...

Un coup d'œil d'Olive avertit Marius qu'il « force » un peu.

— Mais pour être juste, je dois avouer que la douzième ne poserait que sur une patte !

∴∴∴

Eusèbe et Célestine sont mariés depuis trois mois. Ils semblent faire bon ménage... Célestine est jolie ; Eusèbe est un aimable garçon. Mais la belle-mère qui a mené au temps de sa jeunesse folle une existence mouvementée trouve que son gendre, élevé par des parents austères, a gardé, malgré le mariage, un air timide et emprunté. Célestine, pressentie, s'est refusée à toute confidence sur le sujet qui préoccupe Mme mère...

Celle-ci prend alors une grande décision, le taureau par les cornes et son gendre à part.

— Eusèbe, lui dit-elle, je ne voudrais pas me mêler de ce qui ne me regarde pas. Mais vous admettrèz bien que le bonheur de Célestine me regarde un peu quand même. Eusèbe ! rendez-vous Célestine heureuse ?

— Que voulez-vous dire, belle-maman ?

— Enfin, remplissez-vous tous vos devoirs conjugaux ?... Je connais ma fille, je pense ! Eh bien... comment vous dire ?... Je ne la trouve pas... changée. Et quand je vous observe, vous, mon gendre, je vous trouve d'une réserve vis-à-vis d'elle, d'une discrétion ! Vous semblez la traiter en enfant.

— Je ne lui donne pourtant pas le fouet !... Pas encore du moins.

— Ce n'est pas ce que je veux dire ! Comprenez-moi à demi-mot, Eusèbe. J'ai essayé de confesser Célestine, je n'ai rien pu tirer d'elle !

— Il n'aurait plus manqué que cela.

— Alors, je m'adresse à vous, qui êtes un galant homme... J'ai mené une petite enquête personnelle. C'est le devoir d'une mère... L'autre jour, en donnant le linge à la blanchisseuse... j'ai... regardé les draps.

— Vous inspectez notre linge, Madame ! Mais c'est odieux !!

— Rien n'est odieux de la part d'une mère. Eh bien ! je n'ai pas trouvé trace de... enfin... vous comprenez ?

— Trop bien, belle-maman ! Mais pendant que vous y étiez, pourquoi n'avez-vous pas regardé au plafond !

Cet excellent Marius, commis-voyageur pour une grosse maison d'importation de bananes en régime, arrive à la tombée de la nuit dans une petite ville du littoral méditerranéen. C'est à la fin de février, en plein Carnaval, au moment où les moindres coins de la Côte d'Azur sont bondés de touristes et d'hivernants.

Marius ne trouve plus de place à son hôtel habituel. Il se rend chez un autre aubergiste qui s'excuse de ne pouvoir lui donner, selon la vieille tradition, que le billard pour passer la nuit... Tout est plein partout. Il se fait tard. Marius rompu de fatigue, se résigne en ronchonnant... Il se laisse conduire à la salle de billard, d'ailleurs propre et confortable.

Tout en se déshabillant, il inspecte l'endroit d'un regard circulaire. Et il aperçoit, accrochée au mur, une pancarte où il déchiffre cette phrase en lettres blanches sur fond bleu.

— Prière de ne pas frotter sa queue au plafond.

— Té ! fait Marius... De ce patron, tout de même ! Lou fada ! Et il faisait semblant de ne pas me connaître !!

*Chaque semaine, l'excellent Pourquoi pas ? —
le plus spirituel des hebdomadaires belges et
l'un des plus francophiles — nous conte quelque
bonne histoire ; faisons-en un petit choix ; s'il
plait à nos lecteurs, qu'ils s'abonnent au Pourquoi pas ? et ils auront une suite immédiate à
ce chapitre gallo-belge :*

Dans un quelconque trou de village ardennais,
sur la pente plutôt abrupte d'un *would-be* grand
Saint-Bernard, se cramponne une toute vieille
petite église. Dans l'église, un confessionnal ;
dans le confessionnal, un bon curé de campagne,
nécessairement atteint d'une vague calvitie,
d'un embonpoint digne de l'ancien clergé de
France, fait paisiblement sa sieste. Inutile
d'ajouter qu'il est atteint de surdité, et, comme
il convient à un bon vieux curé wallon qui res-
pecte la tradition, aussi friand d'anecdotes
corsées que de dive bouteille.

Entre une plaisante paysanne, rose, joufflue,

bien cambrée, qui arrive près de son confesseur, en baissant pudiquement la tête. Après les prières d'usage le brave curé engage sa pénitente à se confesser. La pauvre petite est bien embarrassée : c'est qu'elle a été avec son amoureux dans les bois... On était en plein été, il faisait chaud et l'ombre des grands arbres était bien rafraîchissante... Et puis, voilà...

« Il a mis sa main dans mon corsage, mon père... »

Le confesseur flaire l'aubaine d'une histoire alléchante. Secouant son gros ventre, il se penche vers la villageoise, non sans se gratter dûment l'intérieur de l'oreille, pour ne pas perdre un mot de ce qui va suivre :

« Parle haut, mon enfant ! »

Et elle, rougissante, dans un souffle :

« Non, mon père, par le bas !... »

⁖⁖⁖

Une dame veut descendre du tram avant qu'il ne soit complètement arrêté ; elle fait une pirouette à la fois angoissante et comique, et, tombant sous la voiture baladeuse, disparaît entre les pièces d'attache de la remorque.

Cris d'effroi : le tram stoppe ; on se précipite sous la plate-forme où la pauvre dame, évanouie, est retenue, accrochée par ses vêtements. Au bout d'un quart d'heure, on parvient à la retirer. On la remet sur ses pieds. O miracle ! elle n'a pas une égratignure !

Une femme du peuple, dont la taille élargie annonce une maternité prochaine, interroge la dame avec un intérêt particulier :

« Alors, madame, vous n'êtes pas blessée ?

— Non, madame, je n'ai rien...

— Eh bien ! vous avez de la chance, vous ! Vous êtes restée un quart d'heure sous un tram et vous n'avez rien — moi, je ne suis restée que cinq minutes sous un receveur et regardez une fois si j'ai quelque chose... »

:::

Cette reine — ne la désignons pas expressément — a le cœur très charitable. Visitant récemment un refuge d'enfants pauvres, elle avise une petite fille de cinq ans, casquée d'une magnifique chevelure blonde encadrant le visage de boucles annelées.

« Quels superbes cheveux a votre enfant ! »
dit-elle à la mère.

Celle-ci, ravie, sourit. La reine la dévisage,
remarque qu'elle a le cheveu rare et pauvre,
et dit :

« Votre enfant doit tenir ça de son père... »

Et la mère de répondre, avec un sourire un
peu confus et une candeur parfaite :

« Je ne sais pas, Majesté : il avait gardé sa
casquette. »

⁚⁚⁚

La scène se passe à l'intérieur d'un tram
bruxellois archibondé. *Lui*, bureaucrate qui
regagne son bureau, la quarantaine bien sonnée,
étalé au coin du tram près de la plate-forme,
lit un journal largement déplié. *Elle*, debout, un
pied sur la plate-forme bourrée, l'autre à l'intérieur de la voiture, tient à la main un minuscule
mouchoir, légère dentelle parfumée.

Un tournant. Un virage un peu brusque.
Bousculade générale. Le mouchoir échappe à
la petite main, et, effrontément, tombe sur
Lui, ...tombe mal. *Lui*, plongé dans sa lecture,
ne voit rien. Les spectateurs échangent quel-

ques regards malicieux, sourient, puis rient. *Elle*, rougissant de plus en plus, n'ose pas broncher. Que faire ?

Les rires augmentent. Quelques minutes après, levant enfin les yeux, *Lui* voit tous ces visages amusés, perçoit quelques clignements d'yeux, cherche le motif de ces manifestations, ajuste machinalement sa cravate, puis son pince-nez, tire son gilet, se replonge dans son journal et, tout d'un coup, aperçoit la tache blanche si mal placée. Affolé, croyant à une déplorable étourderie, secoué de pudeur, il rentre vivement, sans même oser le trop regarder, ce linge insolent.

Tête de la jeune fille qui voit disparaître son bien sans espoir de retour, tête épanouie des assistants, et tête du bureaucrate quand, chez lui, il découvre l'objet volé !

$$\therefore\!\cdot\!\cdot$$

Après quatre ou cinq mois de mariage, le Jacques de chez Marie se voit, tout à coup, père d'un gros garçon. Il est très désespéré, veut divorcer, surtout que les gens de notre village le regardent d'un œil malicieux qui semble dire : « Ah ! ah ! le gaillard, il a été bien pressé ».

Il se résout à aller conter sa peine au bon vieux curé de l'endroit. Celui-ci réfléchit un instant, puis lui conte l'apologue suivant :

« Quand j'étais jeune, dit-il, j'étais un enragé chasseur. Or, un jour, je vise un lièvre et pan... Non, pas pan, car, au moment où j'allais tirer, un coup de feu et le lièvre fait la culbute. Je m'approche, je regarde aux quatre coins de la prairie et je ne vois personne. Alors, je n'ai pas fait de scandale, j'ai ramassé le lièvre et j'ai dit à tout le monde que je l'avais tiré... Bonsoir Jacques ».

Jacques et sa femme vont fêter bientôt leur cinquantième anniversaire de mariage grâce à la fable du bon curé.

⁙

Lors du déluge, le Père Eternel ordonna à Noé d'introduire dans l'arche un couple d'animaux de chaque espèce, pour que la race ne s'éteignît pas. C'est ce que fit l'éminent constructeur naval. Mais dans la crainte d'avoir dans son arche une multiplication vraiment trop encombrante, et pour éviter à sa famille le spectacle continuel des polissonneries que tous ces animaux réunis n'auraient pas manqué de se permettre, il prit la précaution de faire subir, à tous les mâles, l'opération qui assure à la Chapelle Sixtine de si excellents chanteurs.

L'opération faite, il mettait la partie amputée dans un sachet, lequel était déposé bien précieusement dans une armoire, avec une étiquette indiquant le nom de son propriétaire.

Lorsque les eaux se retirèrent et que la tourterelle revint avec le rameau d'olivier, Noé rendit la liberté à toute sa cargaison, et, chaque fois qu'un mâle passa à la sortie de l'arche, il lui remit bien précieusement le sachet correspondant.

Vint à passer le singe, ayant sa guenon à son bras, comme de raison. A peine sorti, il s'empresse d'ouvrir son sachet et part d'un fou rire formidable.

— Me dirais-tu bien, grand nigaud, lui dit sa guenon, ce qui te fait rire à un point pareil ?

— Chut ! lui dit-il : filons sans rien dire.

— Pourquoi cela ?

— Figure-toi que Noé s'est trompé et m'a remis le sachet de... l'éléphant !

∴

L'histoire a une suite, Noé remet donc à l'éléphant les attributs du singe. L'éléphant pressé de sentir sous ses pieds l'agréable et stable plancher des vaches, ne proteste point. Mais à peine à terre, l'éléphante son épouse, manifesta son mécontentement :

« Tu es toujours le même ! lui reproche-t-elle ; tu es tellement bon que tu en es bête ! on te cracherait à la figure que tu dirais encore merci ! En somme, toi, tu t'en fiche ! C'est moi qui suis volée dans cette affaire ! »

Alors l'éléphant :

« T'en fais pas ! je te compenserai ça avec ma trompe ! »

∴

Un commerçant russe, allant de Moscou à Pétrograd avec sa femme, vit son automobile arrêtée par des bandits qui le dépouillèrent de tout, absolument de tout ce qu'il avait sur lui, lui et sa femme.

Les bandits partis, le pauvre homme de se lamenter.

— Comment allons-nous pouvoir continuer notre route ? Et à Pétrograd, que deviendrons-nous ?

— Mon ami, lui dit sa femme, ne te désespère pas, j'ai sauvé un beau petit rouleau de louis d'or.

— Un rouleau ?... de louis d'or ?... et comment ne l'ont-ils pas vu ?

— Il était très bien caché.

— Il m'a pourtant paru qu'ils te faisaient subir une fouille singulièrement minutieuse et, entre nous, bien déplaisante....

— Tu vois, ils ne l'ont pas trouvé.

— Mais où était-il donc ?

Et comme le commerçant ravi insiste, la jeune femme lui avoue en rougissant son secret.

— Es-tu malicieuse ? s'exclame le mari émerveillé.

Puis, presque aussitôt un regret lui vient :

— Si j'avais pensé, je t'aurai prié de me cacher aussi mon dentier qui va bien me manquer...

∴

M. O. de K... racontait ainsi ses débuts comme avocat :

Désigné d'office pour défendre un chef-garde du chemin de fer du pays de Waes, accusé d'outrages aux mœurs en cours de route envers une jeune et accorte paysanne, il était fort en peine de trouver un moyen de défense. A l'audience, il arrive souriant, pourtant, et muni en plus que de sa toute resplendissante nouvelle serviette d'un sabre dans son fourreau. Le président lui fait remarquer que le port de cet instrument est incompatible avec la dignité de la Cour, mais de K..., imperturbable, assure que cette arme est indispensable à la défense de son client, et le président, fort intrigué, finit par céder.

Ayant donc commencé sa plaidoirie, il soutint que le délit dont on accusait son client était absolument impossible.

— Voyons, M. le président, dit-il, vous connaissez le chemin de fer du pays de Waes. Vous savez ce que vaut la voie ?

— ? ? ? ...

— Eh bien, essayez donc de remettre ce sabre dans ce fourreau.

Et ce disant, Me O. de K... mettait l'instrument de massacre entre les mains du président et agitait frénétiquement le fourreau devant lui.

On assure que la Cour acquitta le prévenu.

∴∴∴

Ils étaient trois, et l'un des trois rouspétait à tout propos.

Ce soir-là, ils avaient passé la journée à Hannut et, le bon vin aidant, manqué l'ultime train pour Bruxelles. Il était bien sept heures du soir, au reste.

A l'hôtel, restaient deux chambres libres ; on convint d'en laisser une au maître grognon ; les deux autres coucheraient ensemble. Or, tandis que l'un de ceux-ci faisait une partie de billard avec celui-là, le troisième s'éclipsait pour un travail mystérieux. Il se rend chez un marchand de porcelaines.

Rentré à l'hôtel, il fait remplacer, dans la couche du père grognard, l'hôte ordinaire de la table de nuit par le vase neuf — et préalablement lavé — qu'il vient d'acheter. Il y verse ensuite un bon demi de bière blonde.

Et voilà les trois amis montant à leurs chambres. Ils y étaient depuis cinq minutes ; les deux premiers entendent des cris effroyables dans la chambre du mal tourné. Ils accourent.

—Ce qu'il y a ? Ce qu'il y a ? Il y a que nous sommes dans un hôtel infect. On n'a seulement pas vidé ça !

— Belle affaire ! C'est pour si peu que tu te mets dans ces états ? Tiens, voilà ce que je fais, moi, dans ce cas. Je le bois.

Et il joint le geste à la parole, en déclarant le breuvage délicieux.

—Ah bah ! fait l'autre, abasourdi. Si j'avais su que c'était si bon, je n'aurais pas pissé dedans.

⁞⁞⁞

Lorsque Dieu eut constaté que les tentations les plus diverses n'avaient aucune prise sur le bon saint Antoine, il résolut, poussé par Satan lui-même, de soumettre le bon prêtre à une dernière et décisive épreuve.

Il le transporta au milieu d'un désert brûlant, ne lui laissant pour se préserver contre les ardeurs du soleil qu'un immense chapeau de paille. Chapeau à part, le bon saint était nu comme un ver.

Comme le saint se promenait dans la solitude morne et brûlante, il se trouva tout à coup à peu de distance d'une jeune femme d'une rayonnante beauté... nue comme lui ! Que faire, pour ne point effaroucher la pudeur de cette timide créature ?... Le saint n'hésite pas : il enlève son chapeau et, s'en servant comme d'un paravent, il le transforme en pagne.

Mais, à cet instant, le diable lui dépêche une mouche au dard aigu qui s'attaque à Antoine et se met à le piquer au milieu du dos avec acharnement. La sensation devient telle que le saint n'y peut plus tenir... Il va lâcher le chapeau pour chasser la mouche scélérate...

Mais Dieu, dans sa bonté, permet un miracle inattendu : Antoine lève les deux bras au ciel et le chapeau tient bon...

:::

Le vétérinaire du régiment est un cœur toujours prêt à rendre service, mais dont la brusquerie et les distractions ont souvent déridé les plus moroses de ses amis.

Il est, un jour, invité à dîner chez la colonelle, laquelle, assez pingre, se promet d'obtenir gratuitement du vétérinaire, quelques conseils pour soigner son « pou-pouss » malade.

Au cours de la conversation, la colonelle, s'adressant à l'excellent homme lui dit :

— Cher docteur, mon petit chat perd ses poils, que dois-je faire ?

Et distrait, l'autre de répondre :

— Plus de bicyclette !...

⁙

Autre histoire de minet.

Une dame, veuve depuis quelques mois, possédait un petit chat qu'elle aimait beaucoup. Le pauvre animal mourut. Ne pouvant attribuer son décès à une cause naturelle, elle fit faire l'autopsie de la bête.

L'autopsie révéla un amas de poils dans l'estomac du chat qui, par suite d'on ne sait quel tic, se léchait sans cesse. C'était à cela qu'il fallait attribuer sa mort.

La veuve s'écria :

— Ah ! pauvre minet ! Mais je comprends maintenant de quoi mon mari est mort...

:::

Le bon roi Dagobert était le plus terrible noceur de son temps, à tel point que son entourage, et surtout le grand saint Eloi, s'en émurent sérieusement. La Cour et l'entourage, ayant décidé que, pour ramener le bon Roi Dagobert dans le droit chemin, il fallait le marier, chargèrent le grand saint Eloi de persuader Dagobert.

« S'il s'agit d'une jolie princesse, dit le bon roi, j'accepte. »

Elle lui fut présentée, il la trouva fort belle et, de peur qu'il ne changeât d'avis, on précipita les événements.

Une noce magnifique eut lieu. Le soir, la jeune Reine, la traîne portée par ses pages et ses chambrières, qui devaient l'aider à se dévêtir et à se mettre au lit, entra dans ses appartements. Aussitôt la reine couchée, les pages, suivant l'usage, mouchèrent les chandelles et quittèrent la chambre.

Cependant, poussés par une condamnable curiosité, ils se blottirent dans les tentures et attendirent, dans la nuit, l'arrivée du roi. Leur attente ne fut pas longue. Quelques instants après, le Roi avait rejoint, dans le lit nuptial, la jolie reine...

Plus un bruit, quand, tout à coup, un cri déchirant de la jeune femme : « Sire ! Sire !...

— C'est bien, lui dit le Roi, je vais la remettre à l'endroit. »

* * *

Dans un village, pas bien loin de Chimay, vivait, il y a quelques années, — il est mort pendant la guerre — Gaspard, remarquable amateur de « gouttes de fraîche » et incurable blasphémateur du nom de l'Eternel.

Un matin, Gaspard voit s'avancer vers lui le bon vieux curé du village, et, comme d'ordinaire, le salue d'un air joyeux :

« Ben l'bondjou, Monsieu l'curé ; què tè v'la, nom de D... !

— Ah ! Gaspard, quelle vilaine manie vous avez là d'invoquer continuellement le nom du Seigneur !

— Ah ! oui, Monsieur l'curé, dè le rèconneu ; j'voudreu ben m'désbituer !...

— Rien de plus simple, mon ami. Chaque fois que vous constatez que, dans une conversation, vous jurez hors de propos, sortez deux francs de votre bourse et donnez-les à la personne à qui vous parlez.

— Deu l'f'rai, Monsieur l'curé, deu l'f'rai...

L'après-midi, allant aux champs, Gaspard rencontre Phipline, une accorte vieille de près de soixante-dix ans.

« Tè, v'la Phipline, nom de D...! » clame Gaspard, qui essaie — mais trop tard — de se reprendre.

Gaspard est beau joueur : il a promis ; il tiendra !

Ouvrant sa bourse, il en tire donc, sans mot dire, une belle pièce de deux francs et la tend à Phipline.

Et la vieille de répondre, dans un sourire :

« Aïus-què nos dallons nos mett, hon, Gaspard ?... » (1)

∴∴

Cette jeune campagnarde, jolie, élégante — et... naïve (il y en a encore) monta dans le train entre Stavelot et Pepinster. Elle accusait, par les contours spéciaux, un état que l'on est convenu de qualifier d'intéressant.

(1) Voir *Histoires de vacances*, 1 volume (N. R. F.)

Elle trouva, dans son compartiment, un jeune homme souriant, d'aspect distingué qui, après s'être empressé de l'aider à monter en wagon, lui offrit ses journaux, une cigarette (qu'elle refusa en rougissant) et ses meilleurs compliments sur sa santé en partie double.

La dame campagnarde remercia.

« Je suis médecin, madame, lui dit le jeune homme, et je vous prédis un enfant bien constitué, robuste comme sa mère.

— Comment... vous pouvez prédire ?...

— Je puis faire mieux, madame. Je puis parler à l'enfant. C'est une nouvelle découverte scientifique

— ? ? ! !

— Il y a deux mois que je l'expérimente dans les cliniques et les hôpitaux

— Monsieur !...

— Oui, madame... Voulez-vous que j'en fasse l'épreuve ? ...

— Monsieur !...

— Vous serez convaincue tout de suite...

— Monsieur !... »

(Ouvrons ici une parenthèse pour dire froidement que le jeune homme était ventriloque : sans cette parenthèse, l'histoire ne se comprendrait plus.)

Donc, le jeune homme parla :

« Tu es là, mon petit ami ?

— Oui, monsieur le docteur... »

La future mère sursauta en entendant cette voix qui sortait de ses flancs...

« Et qu'est-ce que tu désires ?

— M'en aller.

— Depuis combien de temps es-tu là ?

— Il va y avoir six mois et demi...

— Alors ne te presse pas ; tu as encore quelques semaines à patienter... Et tu es heureux que je cause avec toi ?

— Oui, monsieur le docteur...

— Tu ne désires pas faire plus ample connaissance ?

— Si, monsieur le docteur, je voudrais bien vous serrer la main. »

Alors, le jeune homme, avec un sourire de plus en plus charmant :

« Vous l'entendez, madame ?

— Oui, monsieur. »

Mais, comme le jeune homme s'apprêtait à joindre le geste à la parole, il reçut sur les deux joues une des plus retentissantes paires de gifles qu'il puisse être donné à un ventriloque de recevoir.

:::

La femme d'un fermier de Ninane, qui est à Blankenberghe depuis un mois, télégraphie à son mari : « Viens me prendre demain, 5 heures, gare Chaudfontaine. »

Le fermier attelle son âne et arrive avec lui à la gare. Aussitôt, le baudet se met à braire d'amour : sans doute, quelque diable le poussant, se sent-il transporté à l'*odor di anessa*, l'odeur d'une invisible ânesse que son large mufle a flairée à travers murs ou planches. Le paysan contemple un instant la bête et s'adressant à elle :

— Qué novèle, là, valet ? est-ce à mi ou à vos qu'on a télégraphié ?

:::

Il y avait naguère, au Jardin Zoologique de Bruxelles, un directeur qui se nommait Bodinus et s'occupait beaucoup de la reproduction des fauves, ses pensionnaires. Chaque fois qu'il avait décidé un accouplement, il faisait envoyer un avis à ses amis et à quelques journaux disant,

à la suite du cliché connu : « Aujourd'hui tigres »
ou « aujourd'hui lions », etc. On savait ce que
cela signifiait.

M. Bodinus se maria. Le jour de la cérémonie,
son secrétaire envoya l'avis habituel suivi des
mots : « Aujourd'hui Bodinus. »

La société de « Plezante Brusseleers » voyage
en auto-car. Les bords de la Semois, c'est très
bien, mais pas tout à fait du goût de nos joyeux
touristes. L'auto les ramène donc de bonne
heure vers la capitale et les ballades à travers
les rues des environs de la Grand'Place.

La journée a été chaude et les gosiers sont
secs ; aussi la gueuze coule-t-elle abondamment.

Voici bientôt nos moineaux dans les vignes.

Tout à coup, la voix du « président » se fait
entendre : « Chauffeur, chez Moeder Lambic » et
les voilà en route pour le bois de la Cambre,
chantant à tue-tête. Le « président », homme
d'âge, complètement chauve, mais coiffé d'une
belle perruque, qu'il ne quitte jamais, montrait
le plus d'entrain. Le chauffeur, n'ayant pas
boudé devant le lambic lui non plus, prenait

les agents à poste fixe pour des ombres de boîtes aux lettres et brûlait tout.

Mais voici un virage dangereux, mal éclairé : l'auto se renverse. Tout le monde est précipité sur la route ; heureusement personne ne se fait grand mal.

Jef, le marchand de crevettes, est tombé de telle façon qu'il tient tout juste sous la main le crâne nu du président, qui a perdu sa perruque, et Jef de dire :

« Godfordom, président... ton pantalon est déchiré ! »

∴∴

M. Vandervelde discourait, l'autre jour, à Huy, dans un meeting électoral. Parlant du parti libéral, il le comparait à une sirène qui offre aux regards un visage souriant, mais dont le corps se termine en queue de poisson.

Cette image impressionna vivement un électeur socialiste qui la retint comme il l'avait comprise et qui la resservit à sa façon, lorsque, le lendemain, il prit la parole à son tour, pour haranguer les camarades.

— Le parti libéral, savez-vous bien c'que

c'est ?... C'est une sirène, c'est-à-dire une femme qui a un poisson à s'cul...

⁙

Ce jour-là, les femmes des Marolles assiègeaient l'autel de saint Pierre, invoquant sa statue à grands cris :

— Justice, Pierre, justice... Nos hommes parlent de repeupler villes et champs, plaines et montagnes. Nous en sommes, certes. Mais nous en avons assez de porter seules le fardeau. Egalité, égalité des sexes ! O Pierre, grand saint, nous voulons que l'homme égoïste et ingrat ait, lui aussi, sa part dans les douleurs...

Emu — et juste — saint Pierre acquiesça au désir unanime qui montait vers lui et, souriant dans sa barbe de neige, poudrée de grains marrons de tabac à priser :

— Puisque vous le voulez, mes chères filles, désormais mêmement et simultanément souffriront, au moment de l'enfantement, le père et la mère. Puisque vous le voulez.

A quelque temps de là, une dame Perrine, qui avait été une des manifestantes les plus décidées, éprouva en son for intérieur des symptômes non équivoques. Averti, Piet, son mari, se tâta les flancs, avec un scepticisme mêlé d'inquiétude ; puis, l'heure des suprêmes efforts approchant, comme il ne ressentait rien, mais rien de rien, il se rassura tout à fait.

L'enfant était sur le point de paraître. Une petite demi-heure de travail. A peine.

 ... des hurlements déchirants emplirent soudain la rue. Piet bondit à la fenêtre. Sur le trottoir d'en face, devant sa boutique, telle une femme en gésine, se tordait le maroquinier, son voisin.

La revue niçoise de Jules Marchand : Sur la Riviera en publie, elle aussi, d'assez raides ; glanons :

Métempsycose.

Chez Mme Dutremblay, on s'adonne aux études psychiques. Les tables vire-voltent, les morts parlent et dans une des plus récentes séances, des preuves convaincantes de la métempsycose ont été fournies aux incrédules. Une veuve, dont l'époux, de son vivant, s'était fait remarquer par une nature volage et papillonne, évoquait l'ombre du défunt.

— C'est toi, Auguste ?
— C'est moi.
— Où es-tu ?
— A la campagne.
— Serais-tu fermier ?
— Non.
— Domestique ?

— Non.

— Au moins es-tu heureux ?

— Oh ! parfaitement heureux. Je suis le taureau.

⋮⋮

La jeune Yvonne est rentrée, la veille, de son voyage de noce. Sortie seule pour des emplettes indispensables, elle rencontre son amie intime, Lucienne, à qui elle avait naguère promis de conter tous les détails de son initiation conjugale.

— Ah ! Lucienne !

— Ah ! Yvonne !

Baisers au bord du trottoir. Un vieux cheval attelé à un antique landeau stationne tout contre et songe aux temps lointains, où il courait le Derby d'Epsom.

— Alors, Yvonne, raconte-moi...

Yvonne rougit un peu, puis entame le chapitre des confidences...

A ce moment, le vieux cheval, sollicité par un besoin naturel, montre quelques signes de masculinité. Yvonne regarde et s'épouvante.

— Viens, Lucienne, éloignons-nous, s'écrie-t-elle. Le cheval écoute !...

:::

Victor, valet de chambre de la marquise de Hourcade, a depuis quelque temps, double service à assurer auprès de sa patronne ; service de jour et de nuit. Et, comme la marquise est encore ardente, Victor s'épuise. Ses forces commencent à le trahir. Pour lui rendre son ancienne vigueur, Mme de Hourcade l'emmène passer quelque semaines dans ses terres...

Un jour qu'elle visite en sa compagnie un de ses fermiers, elle admire dans l'étable un taureau superbe ; le fermier vante sa bête qui ne boude pas à la besogne. Tous les matins, paraît-il...

— Hein, Victor, quel exemple ! s'écria Mme de Hourcade, en s'en allant.

Alors Victor :

— Je ferai respectueusement observer à madame la marquise qu'il change de vache !

:::

Chez le comte de S... Il pleut ; le maître et la maîtresse de maison, avec leurs invités, jouent aux mots croisés.

Soudain une jeune femme demande :

— Un mot de trois lettres : partie du corps. Ça commence par *c* et ça finit par *l*...

Les personnes présentes se regardent en souriant, mais personne ne répond.

C'est la servante, une fille du pays, qui était entrée au salon lorsque la question était posée, qui lâche le mot auquel tout le monde pense :

— C.l.

Des protestations s'élèvent, mais la jeune femme qui a posé la question rougit très fort et :

— Oh !... mais non, c'est *cil*, dit-elle.

⁙

La toute jeune comtesse va mettre au monde son huitième enfant... Comme sa santé paraît fortement ébranlée par ces maternités successives, les parents et amis s'inquiètent à l'approche de l'événement.

— Elle fera bien de s'arrêter, sans quoi elle y restera, affirme son cousin, le marquis.

La femme de ce dernier hausse les épaules :

— S'arrêter ! Comment voulez-vous qu'elle fasse ?... Il suffit que son mari pose ses pantalons sur son lit pour qu'elle soit enceinte.

:::

Une des grandes modistes de la rue de la Paix faisait présenter dernièrement, pour la cinquième fois, à une de ses belles clientes, la coquette petite somme de treize cent-soixante francs, montant du prix de trois chapeaux.

Par cinq fois Madame fit répondre qu'elle était sortie. Cependant la première vendeuse crut bon de se déranger pour aller elle-même toucher la facture en souffrance. Elle se présenta donc de bon matin à l'hôtel de Mlle X... Celle-ci reposait encore de compagnie.

La fidèle cameriste, sur de pressantes instances, consentit à aller prévenir sa maîtresse de cette visite inopportune.

— Madame, dit à travers la porte cette jeune personne bien stylée, c'est Mlle Yvonne qui vient pour les galures...

Un énergique juron retentit à l'adresse de la vendeuse suffoquée ; puis, usant d'un euphémisme ingénieux, la jolie femme ajouta, d'une voix qui ne laissait aucun doute sur la nature de ses occupations.

— *Tu lui diras que je suis sous presse.*

:::

Dans une chambre d'hôtel, en Suisse, un voyageur solitaire qui a pour voisin de chambre un monsieur et une dame d'un certain âge, entend le monsieur dire à la dame :

— Mets-toi dessus !

Puis un craquement.

Alors la dame s'écrie :

— Mets-toi dessus, toi !

Nouveau craquement.

— Ces gens-là sont indécents, se dit le voyageur solitaire.

Mais la voix du monsieur profère ces mots stupéfiants :

— Maintenant, mettons-nous dessus tous les deux !

Et le couvercle de la malle, qu'on ne pouvait pas fermer, fut complètement brisé sous le poids des deux époux !

Chaque semaine, dans l'Humour, Louis Marsolleau note les « histoires gauloises » qu'il a pu, durant huit jours, entendre ou inventer. Il faut souhaiter qu'il réunisse un jour ces contes « à la petite semaine » en un volume qui ferait un joli pendant aux si amusants Pépins et Trognons. Notons, en attendant, quelques-unes de ses histoires :

Le soir tombait sur Braisillon-les-Amandes. Et déjà l'heure du souper avait sonné au petit clocher de la petite église. Le beau Nicaise qui revenait à sa maison, après quelques apéritifs chez le bonnetier-épicier-marchand de tabac et cabaretier du village, sentit tout à coup que tant de liquide absorbé ne pouvait pas lui rester pour compte et que, décidément, il lui était interdit de prendre sa vessie pour une lanterne.

Or, il y avait, sur sa route, une ruelle favorable, une impasse où tout honnête homme peut entrer pour soulager les besoins de la nature sans attenter aux lois de la morale publique.

Nicaise s'y engagea donc et, dans la candeur de son âme, il commençait à faire de l'eau, avec un soupir de satisfaction, quand, à quelques pas de lui, il perçut un bruit de cataracte violente et, s'étant détourné quelque peu, il vit, dans la pénombre du crépuscule, la forme accroupie d'une femme, arrivée sans doute avant lui, et qui, comme lui, arrosait la terre avec générosité.

Il la reconnut, d'ailleurs, tout de suite. C'était Philomène, une servante de ferme, une gaillarde rousse et ronde, et dont la vigueur se décelait avec évidence à la force de son expansion.

Philomène, toutefois, un peu gênée d'avoir été découverte, jugea qu'il fallait dire quelque chose, ne fût-ce que par politesse, et elle dit :

— A vot' santé !

Nicaise, non moins courtois, répondit :

— A la vôtre !

Puis il ajouta, parce que la nuit s'épaississait de plus en plus, et qu'on n'a pas toujours vingt ans :

— Est-ce qu'on ne pourrait pas trinquer un peu ?

:.:

Le général Quatrepoyls Dudevant de la Rozière faisait, l'hiver dernier, une randonnée en automobile par un froid de canard et dans les environs de Sallanches, au pied des Alpes, où il était tombé beaucoup de neige. Il arriva qu'à un moment, il fallut s'arrêter, car l'essence baissait dans le réservoir, et il n'était que temps d'en remettre. Cependant que le chauffeur — son ordonnance — s'occupait à manier ses bidons, le général, qui est un fantaisiste, eut l'idée d'inscrire son nom sur la neige, avec ce corrosif ammoniacal, dont la divine Providence a doué les humains qui sont des vertébrés urinaires.

Et, de fait, il commença fort brillamment. Et « Quatrepoyls Dudevant » furent parfaitement réussis sur le blanc tapis de la neige vierge, mais là, le général manqua de souffle. Toutefois, comme il voulait avoir le dernier mot, ou tout au moins les derniers mots, il appela son ordonnance et lui commanda :

— Tu vas finir d'écrire mon nom ! Tu as vu comment j'ai fait. Ce n'est pas difficile !

L'ordonnance salua avec respect et répondit :

— Non, mon général ! Seulement, je ne sais pas écrire. Mon général, il faudra que vous me teniez mon porte-plume !

:::

Tout récemment, une jeune dame constatant que son mari se relâchait, si l'on peut dire, de son zèle à son égard, — non seulement plus de fête arabe, mais même pas un bon ordinaire ! — s'en fut trouver un sorcier pour lui demander quelque moyen de réveiller, pour parler comme Bossuet, les restes d'une force qui tombe et d'une ardeur qui s'éteint. Ce sorcier lui remit une poudre blanche qu'il lui recommanda de jeter dans un mets que mangerait son mari.

Mais durant quelque temps, l'occasion ne se présenta pas. Le mari, fort attentif et intéressé à table, — hélas ! plus qu'au lit ! — n'aurait pas laissé, sans s'en étonner, ajouter quelque chose d'inconnu à un aliment. Enfin, un jour, au déjeuner, voici que des clairons sonnèrent dans la rue. Ce mari pacifique est bon patriote. Il s'en fut à la fenêtre pour voir défiler les militaires ; et sa femme l'y courut rejoindre, mais non sans avoir assaisonné de la fameuse poudre un joli plat de saucisses dans la purée de pois, qu'elle venait de déposer sur la nappe.

Mais, quand les soldats passés, ils revinrent vers leur couvert, quelle stupeur ! Dans la purée de pois, toutes les saucisses s'étaient dressées debout, rigides, comme d'autres soldats à la parade ! Ah ! le sorcier n'avait pas volé son monde !

::: :::

Ce garçon est un de ces aimables gaillards, un peu déclassés et très faisandés, qui sont bien nés et ont mal vécu. Sa profession est de ne rien faire, sauf de jouer au tennis et au poker, médiocrement le tennis et trop adroitement le poker. Au reste, habillé, élégant et fin. Il a été à la guerre, comme tout le monde — sans éclat, ni mésaventure, — et porte un vague ruban versicolore d'ancien combattant. Couvert de dettes et de tares, il a cependant conservé quelques relations propres, anciens camarades de collège ou de régiment qui le méprisent, mais l'accueillent.

Or, ces jours derniers, il arriva, tout flambant, au café, et annonça qu'il allait se marier avec une jeune fille, riche héritière et qui lui apportait un million de dot. Ce fut un joyeux hourvari, car on ne se gênait pas avec lui.

— Tu as trouvé une famille qui t'accepte pour gendre ? Et qui a pris des renseignements sur toi ?

— Mais, oui ! dit-il.

— Alors, le père doit sortir du bagne ?

— C'est le plus honnête homme de Paris !

— Alors, la mère a dû rotir une grosse de balais !

— C'est la plus chaste épouse du monde !

— Alors, la fille est un monstre ? elle est bossue ? bancale ? vitriolée ?

— Elle est charmante ! belle comme un cœur !

Il ajouta avec simplicité :

— Seulement, elle est *un tout petit peu* enceinte !

⁘

Toto, qui a cinq ans, est d'une curiosité diabolique. Ayant vu sa bonne anglaise monter par l'escalier de service à l'étage des domestiques, il l'a suivie en tapinois. La miss est entrée dans la chambre du chauffeur. Et voilà Toto, hissé sur la pointe des pieds, le nez écrasé sur la porte et l'œil au trou de la serrure.

Marie, la femme de chambre, passe dans le couloir ; elle surprend Toto dans sa contemplation, comprend du reste, et vicieuse, demande :

— Qu'est-ce qu'ils font, Toto ?

Alors, Toto, les yeux illuminés, répond avec enthousiasme :

— Je ne sais pas c'qu'ils font, mais ils vont vite !

⋮⋮

L'écrasement presque continu que nous infligent les modernes chauffeurs nous donne trop souvent à regretter, quoique puissent penser les fanatiques du Progrès, les anciens cochers benoîts et modérés qui n'exterminaient le pauvre monde qu'exceptionnellement. Il y a de charmantes histoires de cochers. Celle-ci, entre autres, que d'autres connaissent peut-être, mais qui n'a jamais été écrite.

Deux cochers qui se croisent, chacun sur le siège de sa victoria périmée, prennent mal leurs mesures et s'enchevêtrent roues dans roues.

Arrêt, cahot, bagarre. L'un des cochers véhicule dans sa voiture une religieuse, immédiatement effarée du tumulte et des invectives qu'échangent à l'instant même les deux automédons rouges de trognes et cramoisis de courroux.

— Et puis, t'étais pas à ta droite, outil ! conclut l'un.

— A ma droite ? Et ta sœur ?...

Ce propos s'adresse au cocher de la religieuse. Alors, celui-ci, très digne :

— Ma sœur ? Elle t'emm.... !!

Puis, soudain respectueux, tourné vers sa cliente et quêtant son approbation :

— N'est-ce pas ? ma sœur ?

⁙

C'est, paraît-il, Courteline qui a conté celle-ci à Marsolleau :

Au croisement de trois rues assez étroites, un coupé de médecin ou de douairière, lourd et massif et dont le cocher est d'allure antique, rasé, coiffé d'un chapeau haut de forme en soie, est arrêté devant une maison, juste à un endroit où il paralyse toute la circulation. Or, des taxis, des camions, une voiture de boucher sont, de

par son stationnement, complètement bloqués.
Et je laisse à penser les douceurs qui pleuvent
sur le cocher d'allure antique.

— Fumier ! — Fourneau ! — Fatigué d'être
moche ! — et tant d'autres qualificatifs plus
brefs, sinon plus énergiques.

Et tout à coup, l'interpellé, jusque-là de
marbre, se dresse debout sur son siège, lève son
chapeau, ce qui découvre ses cheveux blancs
et avec une infinie majesté, celle des ancêtres,
répond à tous :

— Messieurs ! c'est un vieillard qui vous dit :
m... !!

⁙

Je ne sais plus quel moraliste a dit : « Aux
vertus qu'ils exigent de leurs valets, quels
maîtres seraient capables d'être des domestiques. Aujourd'hui, de par les vices qu'ont acquis
les domestiques, tous les valets sont dignes
d'être des maîtres. »

Une dame du monde vient de mettre à la porte
sa femme de chambre, et naturellement, elle
lui rédige un certificat, car un certificat est
d'autant plus élogieux qu'on a moins à se louer
de la congédiée.

La jeune personne, debout, devant le petit bureau, déclare soudain d'un ton détaché :

— Je sais bien pourquoi madame me renvoie. C'est parce que Monsieur dit que mes nichons tiennent mieux que ceux de Madame !

— Je ne vous demande pas ce que dit Monsieur, Taisez-vous, n'est-ce pas ?

— Monsieur dit aussi que j'ai une bien plus jolie chute de reins que Madame !

— En voilà assez ! Tenez ! Voilà votre certificat ! et que je ne vous revoie plus !

La soubrette prend le papier, va vers la porte, puis se retournant :

— Il paraît, surtout, qu'au lit, je suis une bien meilleure affaire que Madame !...

Elle ouvre la porte, sort, puis avant de disparaître, ajoute :

— Seulement, ça ! ce n'est pas monsieur qui le dit. C'est le chauffeur !

⋮⋮⋮

Florence et Christabel étaient, et sont d'ailleurs toujours filles d'un lord conservateur ; et quand la grande guerre éclata, elles décidèrent de « servir » elles aussi. En effet, puisque tous les hommes prenaient le khaki, c'était aux femmes de les remplacer à la ville comme aux champs, dans les affaires et dans les travaux. Délibérément, Florence et Christabel allèrent prendre en mains dans le Devonshire, la direction d'un grand domaine agricole qui appartenait à la famille. Ayant troussé leurs manches sur leurs poignets délicats et ne conservant de bagues aux doigts que le strict nécessaire, elles firent valoir elles-mêmes et se révélèrent fermières diligentes. Jusqu'au jour, toutefois, où advint l'histoire que voici.

Il s'agissait, un matin, de mener une vache au taureau, et Florence et Christabel avaient tenu à se charger de ce soin. C'est en vain que les vieux paysans restés au pays avaient voulu les en détourner et que des filles plus agrestes avaient proposé leurs bons offices : « Non, non ! avaient déclaré les deux misses, nous voulons faire tout ce qu'il y a à faire.! »

Hélas ! quelques heures plus tard, quelle rentrée ! Plus de chapeaux ! corsages déchirés, jupes en loques, elles revinrent traînant derrière elles, par son licou, la vache ahurie, meuglante et couverte de boue.

— Ah ! s'écrièrent - elles, c'est affreux !

D'abord, au commencement, le taureau, il voulait bien ! mais il voulait d'une façon *shoking* comme un *improper* ! Nous, pour que les choses soient bien, nous avons forcé la vache à se coucher sur le dos, comme il est convenable ! Mais alors, le taureau n'a plus voulu !

            ⁞⁞

J'ai rencontré hier un camarade. Il était épanoui, et se mit, dès nos premières paroles, à rire d'un rire beaucoup plus large que d'habitude. Et comme je le félicitais de cette robuste gaieté, il me répondit :

— Mon vieux ! Je sors de chez mon dentiste. Il m'a mis des dents, à perte de vue !

Des dents à perte de vue ! Je trouve ce mot délicieux. Comme il dit bien ce qu'il veut dire. Comme il indique clairement qu'on peut désormais ouvrir la bouche jusqu'au baillement le plus béant, sans déceler ces brèches fâcheuses qui déshonorent une mâchoire. Des dents à perte de vue ! Pourvu qu'elles tiennent !

C'est, au reste, ce même camarade qui me disait un jour :

— S'il arrive que j'ai jamais recours aux bons

soins du docteur Voronoff ou de l'un de ses émules, ce n'est pas du singe que je me ferai greffer, ni du bouc, ni du rat ; c'est du chat !

— Pourquoi du chat !

— Parce que, ainsi, j'aurai peut-être la chance de devenir hermaphrodite !

:::

Dans un train qui revient de Nice, un compartiment de première. L'un des coins est occupé par une vieille dame ; deux autres par un couple de jeunes mariés qui terminent sans doute leur voyage de noces.

Lui, fait la lecture à haute voix, pour Elle, du dernier roman de X..., de l'Académie Française. Et il vient d'arriver à cette phrase :

« Mme Chrestien avait un tic nerveux : environ toutes les trois minutes, elle projetait sa main droite devant elle et branlotait le chef. »

La vieille dame qui écoute d'un quart d'oreille, sursaute légèrement et murmure pour elle-même :

— De mon temps, on n'avait pas de ces complaisances pour les domestiques !

⁙

Quand mon ami Manaud qui organisait une traversée de Paris à la nage vit arriver dans son bureau cette petite bonne femme brune, qui prétendait prendre part à l'épreuve et courir sa chance, il fut surpris, car cette candidate championne n'avait rien de particulièrement sportif. Plutôt courte et ramassée, sans allonge, elle ne donnait aucunement l'impression d'une sirène ou d'une néréide de match.

— Comment vous appelez-vous ? s'enquit cependant Manaud, en l'inscrivant. Elle se présenta gaiement :

— Carlotta Noglio, autant dire Nouille !

— Vous êtes Italienne ?

— Si, signor,

— Et vous savez nager ?

— Oh ! pour ça, oui ! je sais nager ! — déclara la bizarre créature en mettant dans sa réponse tous les sens possibles et imaginables.

Et, de fait, elle ne se vantait point, car le jour de la course, elle mit ou plutôt aurait mis dans sa poche, si son petit maillot en avait eu une, tous ses concurrents mâles et femelles.

Elle les dépassa les uns et les unes après les autres, en se jouant. Dans l'eau, cette Carlotta Noglia était un véritable poisson. Son arrivée à cent mètres en avant du second fut triomphale. Elle n'était ni oppressée, ni essoufflée.

Les membres du jury n'en revenaient pas. Et comme l'excellent Manaud tout bouillant d'admiration lui demandait :

— Mais comment êtes-vous parvenue à nager comme ça ?

Elle s'expliqua avec franchise :

— C'était forcé ! Pendant cinq ans, *j'ai fait le trottoir à Venise !*

⋮⋮⋮

Un sourire au piment, une œillade noire, un tordion de hanche, et voici le petit soldat, que je surveillais depuis quelques instants, au bras de la jeune personne délurée que j'ai l'habitude de voir aller et venir, à partir de 5 heures du soir, entre la rue Richer et la rue Bergère. Les voilà partis.

Dans la chambre à la jalousie baissée, ce n'est pas long ni cérémonieux. Lui n'a pas encore retiré son bonnet de police qu'elle est déjà en grande tenue de service, n'ayant gardé que ses bas et ses socques.

Et renversée sur le grabat elle proclame sans modestie, surévaluant hardiment les restes d'une forme qui tombe et d'une carnation qui s'éteint :

— Tu ne regretteras pas tes cent sous, petit ! Vois si je suis bien faite de corps ! Et celui-là ! regarde comme il est beau, et comme il est grand !

Mais le soldat répond, en se grattant l'oreille, pensif :

— Si, des fois, tu en avais un plus petit et un peu moins beau à quarante sous, ça m'arrangerait bien !

Il paraît que les Orientaux considèrent comme un crime ce qui n'est encore, en Europe, qu'une incorrection. Et l'on conte, à ce sujet, l'amusante anecdote arabe que voici :

Un jeune Ihalet (lettré) de Constantine fréquentait la medersa (université) et la mosquée. Jeune, beau, lettré, il s'asseyait parmi les sages et, avec la discrétion qui convient, écouteur plus qu'écouté, s'entretenait gravement des mille et une beautés du paradis de Mahomet.

Un beau jour, il eut un oubli... Un bruit sournois glissa... Puis un grand silence.

Le beau jeune homme se leva, et, sans tourner la tête, il s'en alla déshonoré, sentant la réprobation de tous sur ses jeunes épaules.

Il s'en alla. Il vit la mosquée de Kairouan, il s'attarda sur les bancs d'El Azhar au Caire ; il but au puits de Zim-Zim ; il frappa du front la terre devant le Saint-Tombeau ; il vénéra la Pierre Noire et courut sept fois, l'épaule nue, de la Sainte Montagne à la mosquée, qui est le pôle de l'Islam. Les années passaient. Il fut marchand dans l'Inde, lettré à Stamboul ; il avait des femmes (kachak ! sauf votre respect) et des enfants... Mais, parfois, dans la solitude, il croyait entendre un bruit sournois et redoutable. Alors, il se dressait, hagard, et regardait si quelqu'un, dans l'ombre, n'écoutait pas.

Sa barbe blanchit, sa taille se courba ; il voulut revoir le pays des aïeux et Ksantina, la ville des vautours et du vertige. Tant d'années avaient passé que le crime était noyé dans l'oubli.

Un jour, un vieillard entra dans l'édifice qui avait été le témoin, ou plutôt l'auditeur de la faute. Il souhaita le salut à tous et s'accroupit sur une natte, ses babouches devant lui.

Comme soixante ans auparavant, on discutait des perfections de l'Unique... Est-il le Clément avant d'être le Miséricordieux, ou le contraire ?

— El Hachemi ben Brahim dit que...

— Oui, mais Abd el Kader et Baghdadi déclarent que...

Un très vieil homme dit :

« Ici même, il y a longtemps, il fut démontré...

Quelqu'un interrompit :

« Que Dieu augmente ton bien, mon père,
mais en quelle année exactement ?

— L'année du pet... »

Un homme à barbe blanche se leva et sortit
pour l'exil éternel et la mort parmi les inconnus.
Sa faute n'était pas oubliée.

:::

*Celle-ci — une histoire russe — nous est contée
— comme il sait conter ! — par Alexandre Dumas
père dans ses* Impressions de voyage *en Russie.
Ecoutons-le :*

Je voudrais bien vous raconter, cher lecteur,
une histoire, qui, j'en suis sûr, vous ferait rire.
Mais, moi qui ai raconté tant de choses, je ne
sais, le diable m'emporte, comment m'y prendre
pour vous raconter celle-là.

Tant pis ! je me risque ; vous voilà prévenu.
Vous la passerez, cher lecteur, si vous êtes pudi-
bond ; vous la passerez, chère lectrice, si vous
êtes bégueule, ou bien vous la lirez et ne la racon-
terez pas.

Dandré (1) avait à Wladikavkas un de ses

(1) Un ami de Dumas père qui avait été reçu chez lui
pendant son voyage au Caucase.

amis quartier-maître des dragons de Nijny, avec lequel il était lié comme un frère.

Cet ami, de son côté, partageait toutes ses affections entre Dandré et deux lévriers nommés Iermak et Arakka.

Un jour, Dandré vient lui faire une visite et le trouve absent.

— Monsieur n'y est pas, lui dit le domestique ; mais entrez dans son cabinet et attendez-le.

Dandré entre dans le cabinet et attend son ami.

Le cabinet donnait sur un très-beau jardin ; une des fenêtres était ouverte pour laisser entrer un rayon de ce joyeux soleil du Caucase, si brillant, que comme dans l'Inde, il a ses adorateurs.

Les deux lévriers dormaient couchés côte à côte, comme deux sphinx, sous le bureau de leur maître ; en entendant ouvrir et refermer la porte, chacun d'eux ouvrit un œil, bâilla languissamment et se remit à dormir.

Dandré, une fois dans le cabinet, fit ce que l'on fait quand on attend un ami ; il sifflota un petit air, regarda les gravures pendues à la muraille, roula une cigarette, alluma une allumette chimique à la semelle de sa botte, et fuma.

Tout en fumant, il lui passa une petite colique.

Dandré regarda autour de lui, et, voyant solitude complète, il crut pouvoir se risquer ; il fit comme le diable du xxie chant de l'*Enfer*.

Voir le dernier vers du susdit xxie chant.

A ce bruit inattendu, les deux lévriers se levèrent, s'élancèrent par la fenêtre et disparurent dans les profondeurs du jardin, comme si le diable les eût enlevés.

Dandré, tout étourdi d'une disparition si spontanée, resta un instant la jambe en l'air, demandant d'où pouvait venir cette terreur de deux lévriers à l'audition d'un bruit si médiocre, eux qui entendaient tous les jours la mousqueterie et le canon.

Sur ces entrefaites, l'ami rentra.

Les premiers compliments échangés, les premières excuses faites sur son absence, il chercha des yeux autour de lui et ne put s'empêcher de dire :

— Où sont donc mes lévriers ?

— Ah ! oui, fit Dandré, tes lévriers, parlons-en, en voilà de drôles de corps !

— Pourquoi cela ?

— Mon cher, sans que je leur aie ni rien dit

ni rien fait, imagine-toi qu'ils se sont tout à coup, d'un seul bond, élancés par la fenêtre comme deux fous et que, par ma foi, s'ils courent toujours du même train, ils doivent être à Tiflis.

L'ami regarda Dandré :

— Tu auras..., lui dit-il.

Dandré rougit jusqu'au blanc des yeux.

— Ma foi, avoua-t-il, il est vrai qu'étant seul — car je ne comptais pas tes chiens pour quelqu'un et d'ailleurs je ne les croyais pas si susceptibles — j'ai cru que je pouvais risquer enfin, dans ma solitude, ce qu'un décret de l'empereur Claude avait permis de faire dans sa compagnie.

— C'est cela, dit l'ami paraissant parfaitement satisfait de l'explication.

— *C'est cela*, dit Dandré ; très bien, mais *cela* ne m'apprend rien à moi.

— C'est bien simple, et tu vas comprendre tout le mystère. J'aime beaucoup mes chiens ; je les ai eus tout petits et, tout petits, je les ai habitués à se tenir couchés sous mon bureau. Or, de temps en temps, ils faisaient ce que tu as fait ; et pour les en déshabituer je prenais un fouet et rossais d'importance celui qui avait commis l'incongruité. Comme ils sont, tels que tu les vois, pleins d'intelligence, ils ont pensé que c'était le bruit seul qui les dénonçait. Et alors ils ont fait tout bas ce qu'ils faisaient tout haut. Tu comprends que la précaution était insuffisante et que l'odorat remplaçait l'ouie. Or, comme je ne pouvais pas leur lever la queue et aller chercher le vrai coupable, je les fouaillais rudement tous les deux. De sorte que tout à l'heure, quand tu t'es permis ce qui leur est défendu, comme ils n'ont pas la moindre confiance l'un dans l'autre, chacun d'eux a cru que c'était son camarade et, craignant de porter la peine d'un péché qui n'était pas le sien, s'est élancé par la fenêtre... Et que cela, te serve de leçon, ajouta-t-il en riant, pour une autre fois !

∴∴

Mystification.

Un de nos plus joyeux humoristes s'introduit, comme s'il était très pressé, dans un chalet de nécessité. Il referme prestement la porte, puis, là, tout à son aise, il sort d'une poche un pétard qu'il dépose sur le carreau dans le fond du cabinet. Il alluma la mèche, le pétard part. Alors, ne bougeant plus, notre homme attend. Oh ! pas longtemps !

Dans le chalet se produit presque aussitôt un brouhaha de voix alarmées. Trois minutes ne sont pas écoulées que l'on tambourine à la porte.

— Il a dû se suicider, grommelle rudement un timbre mâle.

Les coups redoublent. Notre humoriste ouvre et se trouve nez à nez avec un agent suivi d'une foule ameutée par la tenancière.

— Bon sang ! Qu'avez-vous fait ?

— Ce que j'ai fait, mais j'ai usé d'un droit largement taxé, je pense.

— Mais ce bruit ?

— Un bruit assez naturel en pareil endroit, répond sans sourciller l'humoriste.

Alors, la brave femme levant les bras au ciel :

— Seigneur Jésus !... Ici, j'en ai pourtant pris l'habitude, et je m'en flatte, mais jamais, non jamais, je n'en ai entendu de cette force-là !

⁖⁖

A un dîner d'amis, un pince-sans-rire — est-ce le même ? — avait à table, auprès de lui, une charmante demoiselle. Au moment de s'asseoir, hélas ! il laisse échapper un soupir discret qu'il avait en vain essayé d'étrangler. N'espérant pas retrouver la même sonorité avec le pied de la chaise, sans perdre contenance, il se tourne vers sa voisine, et à mots couverts suffisamment distincts cependant pour être entendus des voisins, il lui chuchote :

— Dites que c'est moi !

∷

Dans le salon de Mme Armande Caillavet maintenant fermé pour toujours, que fréquentaient beaucoup d'écrivains, parmi lesquels quelques académiciens, l'un d'eux, poète illustre, fit une fois un bruit fort indiscret...

Aussitôt, il tenta de donner le change à la compagnie qui l'entourait et se mit à remuer une chaise.

Mais la maîtresse de maison, qu'agaçait cette rumeur, se pencha en souriant vers le poète et lui dit :

— Non, monsieur, vous ne trouverez pas la rime.

:::

C'est une histoire de filleul de guerre !...

La petite I. B..., à qui un rôle sans gloire jadis aux Folies-Bergères permet de se livrer aujourd'hui à la culture des amis sérieux, avait son filleul comme tout le monde. Le sien, un brave garçon de la campagne, n'avait certainement rien de raffiné, mais solide, nerveux, râblé dans ses muscles, installé dans sa force paisible, il avait fait sur elle une impression considérable encore que peu habitué à évoluer dans les apparte-ments modernes, il commît parfois des bévues.

Le premier jour de sa première permission, l'excellent garçon ayant demandé les W.-C. fut conduit au confortable lavatory de l'appartement... Un quart d'heure passa, puis vingt-minutes, puis vingt-cinq... Rien... L'ex-divette qui attendait avec impatience commença d'éprouver certaines inquiétudes. Bref la demi-heure s'étant écoulée, elle n'y tint plus. Elle frappa à la porte du réduit :

— Vous êtes là ? demanda-t-elle.

Un sourd grognement fut sa réponse... Se trouvait-il mal ? La divette n'écoutant que son bon cœur tourna le loquet...

Il y eut de part et d'autre la même exclamation : oh !... Le filleul, le siège en bois relevé, s'était assis sur la porcelaine et, l'équilibre ayant manqué, il s'était si malheureusement enfoncé qu'il restait les quatre membres en l'air, comme une tortue sur le dos...

— Malheureux ! Il fallait sonner, dit la marraine.

Alors le filleul désignant le cordon de chasse d'eau.

— Pardi ! C'est bien ce que j'ai fait et trois fois ! Mais trois fois on m'a fichu un seau d'eau dans le derrière !...

:::

Le talent et un fauteuil sous la coupole ne mettent pas à l'abri des injures du temps. Et les cheveux blancs viennent et avec eux tout un cortège de petites infirmités. Cet immortel en sait quelque chose.

Il était l'autre jour en visite dans un de ces derniers salons où l'on cause encore, assis auprès du feu, devisant avec quelques intimes. Près de lui, allongé devant l'âtre, somnolait un chien magnifique. Soudain, un bruit, qu'on pouvait à la rigueur prendre pour un craquement, se fit entendre.

— Hé ! Hé !... mon ami !... dit-il, avec un sourire, en regardant l'animal étendu à ses pieds...

Et la conversation continua...

Mais quand il prit congé de la maîtresse de céans, elle le prit à partie malicieusement :

— Comme vous êtes distrait, cher maître. Vous ne m'avez pas encore fait compliment de la façon remarquable dont j'ai fait empailler mon chien !

AU VENTRE

Si le parfait consiste en chose ronde,
Comme il est vray, petit ventre refait,
Ventre poupin, tu es du tout parfait,
Car rien plus rond ne se trouve en ce monde.

Ceste beauté qui s'engendra de l'onde
Puis engendra cet Enfant qui me fait
Tant lamenter, ne l'avoit si bien fait,
Passant la mer dans sa coquille blonde.

Tu es tout doux, tout gras, tout rebondi,
Tout potelé, tout beau, tout arrondi,
Tout blanc, tout net, tout gentil et tout leste !

Mais si tu veux encore estre plus rond,
J'ay des outils, ventre qui te feront
Beaucoup plus rond que la rondeur céleste.

Guy de Tours.

(Fernand Fleuret, Les Amoureux Passe Temps).

10

CALISTE

Caliste, propre et bien frisée,
Forçant l'ordre de son destin,
Pour me venir voir un matin,
S'estoit en page déguisée.

La petite assez avisée
Craignoit qu'en jupe de satin
A son teint délicat et fin
La porte luy fut refusée.

A l'aspect de ses doux appas,
J'arçay, je ne m'en défends pas ;
Mais elle parut si gentille,

Que, pour la sauver du soupçon,
Je la traitay comme une fille
Qui vouloit passer pour garçon.

(Saint-Pavin).

⁛

COLIN-MAILLARD

Je vous permets, mesdemoiselles,
De jouer à Colin-Maillard,
Disait un jeune abbé, robuste et frais gaillard ;
Mais je veux et j'entends que celles
Qui porteront le bandeau sur les yeux
Ne se servent jamais des mains pour reconnaître :
De tels attouchements, fort innocents peut-être,
Peuvent avoir des résultats fâcheux ;
Toutes en rond apportez votre chaise ;
Colin-Maillard, assis sur les genoux,
Pourra chercher, deviner à son aise ;
Cela me permettra de jouer avec vous. »
Colin-Maillard était une jeune ingénue ;
Elle cherche au hasard et s'asseoit sur l'abbé,
Puis, pour bien deviner, tellement se remue
Que saint Antoine eût succombé :
—Ah!... c'est toi, Caroline, oui, je t'ai reconnue.
C'est toi, je ne me trompe pas ;
Je sens ton busc, tu le portes si bas ! »
Les plus innocentes sourirent
Mais l'abbé et deux ou trois grandes rougirent.

                                        Edouard Vicq.

:::

MONSIEUR ET MADAME

(chanson)

Auprès de sa jeune épouse,
Un mari peu complaisant,
Dans une fureur jalouse,
S'écria : « Rien n'est plus grand
    Que ton lan la,
    Landerirette,
    Que ton lan la,
    Landerira.

A ce reproche, la femme
De ce mari peu galant
Répondit : « Vilain infâme,
Que n'en puis-je dire autant
    De ton lan la,
    Landerirette,
    De ton lan la,
    Landerira.

(Chanson de 1850).

:::

LE POT DE CHARLOTTE

En confessant ses doux péchés, Charlotte
Avec candeur racontait qu'un beau jour
Elle éprouva le vertige d'amour
    En réparant une culotte.
Le prêtre, après avoir bien parlé du démon,
    Refuse l'absolution.
« Donnez-la moi, mon père, et sur l'heure
Je vous apporte un pot de beurre.
— Va le chercher et nous verrons après. »
La fillette revient avec un pot de grès
De papier recouvert. Le pasteur se décide
A donner son pardon. Un hasard singulier
    Entre ses mains déchire le papier.
Il voit avec stupeur que le pot était vide :
« Comment ? rien dans le pot ? reprend-il très
                       [fâché.

    — C'est l'image de mon péché,
    Réplique en souriant Charlotte.
Il n'y avait rien, non plus, dans la culotte. »

                     CHAMBLEY.

⁖⁖

CONTRE UNE SOTTE PRETENTION

Je vous ai, naguère, conté
Qu'une dame de bon étage,
Qui donnait en égal partage
A deux amoureux, sa beauté

Leur dit, quand ils surent l'affaire,
Coqs rivaux en ce poulailler,
Que l'on peut sans se chamailler,
User à deux d'un même verre.

La pointe n'a rien d'indécent,
Et qui la trouve excessive erre ;
Car, même, au besoin, dans un verre
On pourrait boire à plus de cent.

Pour moi, devenu philosophe
Avant d'être vieux, je soutiens
Que pour vingt à trente chrétiens
Une femme a bien de l'étoffe.

Et si vous vous en étonnez,
Vous méritez la forte amende.
Dieu fit-il, je vous le demande,
Une rose pour un seul nez ?

Et comment donc pourrais-je admettre,
Lorsque je vois, par la chaleur,
Dix papillons sur une fleur,
Qu'une femme n'eût qu'un seul maître ?

Voilà pourquoi, de tout mon cœur,
J'applaudis la dame susdite,
Et pourquoi, quand je le médite,
Je goûte son propos moqueur.

Mais bien plus encore je prise
Le mot vraiment bien orfévri
Que fit, un jour, à son mari
Une femme en péché surprise

Le sire s'étant emporté,
Elle lui dit : « Mais, mon pauvre homme,
Lorsque vous allâtes à Rome
Pour contempler Sa Sainteté

Si benoîte en sa blanche chape,
Voyons, là, sans périphraser,
Fûtes-vous le seul à baiser,
Dites-moi, la mule du Pape ? »

Georges Docquois, dans le Rire.

∴∴∴

Lise, alors des plus novices,
L'an passé pour cent écus,
Me fit offrir les prémices
De son cœur et du surplus.

A conclure cette affaire
J'aurais trouvé grand plaisir,
N'était ma bourse légère
Qui n'y voulut consentir.

Six mois après, l'innocente,
Prenant mes feux en pitié,
Se réduisit à cinquante,
Dont je proposai moitié.

Aujourd'hui, Lise m'adore
Et n'en veut plus à mon bien :
Mais elle est trop chère encore,
Même en se donnant pour rien.

ANONYME.

:::

Jeanne vouloit savoir du médecin
Lequel vaut mieux le soir ou le matin
Au jeu d'amour. Il dit que plus plaisant
Etoit le soir, le matin plus duisant

Pour la santé. « Lors, dit Jeanne en riant,
Je le ferai d'un appétit friand,
Doncques au soir pour la grand'volupté,
Et le matin pour la bonne santé.

J. Vauquelin de la Fresnaye.

:::

LA PORTE COCHERE

— Je comptais sur toute autre chose
Disait Dave en exploitant Rose ;
Sans accrocher, un fiacre entrerait là-dedans ;
— Vous vous plaignez, monsieur, dit Rose en
                         [femme sage,
De ce que j'ai pour vous ouvert les deux battants;
C'est que je vous croyais un plus grand équipage.

(Anonyme).

∴∴

RAFFINEMENT

Quand ils eurent goûté les suprêmes ivresses,
Ils cachèrent leurs corps, meurtris par les caresses,
Sous les draps qui fleuraient la lavande et la peau
Et les yeux mi-fermés, les bras formant étau,
Leurs êtres lentement sous l'ardeur des étreintes
Sentirent s'allumer les voluptés éteintes.
« Recommençons », dit-il, et le sourire aux dents
La femme murmura tout bas des mots ardents.
Puis doux comme un soupir, de sa bouchette rose,
S'exhalèrent ces mots : « Non, cherchons autre
        [chose ».
Et comme, lui, naïf, la regardait béat...
 «Tu ne devines pas ? Donne ta langue au chat.»

       E. P. LAFARGUE.

∴∴

CAS DE CONSCIENCE

Un jour une fillette vit
Un rustre endormi sur sa couche ;
Il était porteur d'un gros... oui.
La friponne y porta la bouche :

On ne peut guère l'excuser ;
Pourtant que faut-il qu'on en dise ?
Doit-on, mes amis, l'accuser
De luxure ou de gourmandise ?

Armand GOUFFÉ.

∴

LA SOURIS

Lise, jeune et craintive,
Redoute les souris ;
Une souris bien vive
Vient exciter ses cris ;
Pour cause aussi légère,
Le bruit me paraît fou.
Lise, laissez-la faire :
Elle cherche son trou.

Dans sa peur qui redouble,
Lise fuit, mais en vain ;
La souris qui se trouble
Lui saute dans la main.
La belle, en criant, serre
Cet animal filou.
Lise, laissez la faire :
Elle cherche son trou.

Mais l'effroi la domine ;
Lise s'évanouit.
La souris libertine
Gagne alors son réduit.
Cette souris, ma chère,
Ne craint plus le matou.
Lise, laissez-la faire :
Elle a trouvé son trou.

Béranger.

:::
:::

NON VALEUR

L'œillet froncé du nombril,
Comme une étoile d'avril,
Constelle le ventre,
Fleur menteuse et faux-semblant
En ce rond paradis blanc
Dont il est le centre.

Car le doigt le plus subtil
Et la langue, paraît-il,
Qui fondrait des glaces,
Rien, en lui, n'arrive à rien !
Nombril ! tu n'agis pas bien ;
Nombril, tu nous lasses !...

Tu n'es qu'un trou trop petit :
Tout au plus un confetti
Quelquefois s'y glisse.
Malheur à qui s'entête à
Vouloir utiliser la
Fossette à malice !

Mais, va, va, je te connais !
Cache-toi, vilain, tu n'es
Là, que pour la frime !
Cela ne peut pas durer.
Tâche d'apprendre à vibrer,
Ou l'on te supprime !

Louis MARSOLLEAU, Rubans et Nœuds.

LE SPECULUM

Catinette, en quelque aventure,
S'étant éraillé le satin,
Va consulter un beau matin.
On la hisse. Elle est en posture.

Un tube d'étroite ouverture
Dans un pâle reflet d'étain

Guide le regard incertain
Au sein de sa riche nature.

Voilà le bobo découvert.
A nous la flamme, à nous le fer !
Mais — ô faiblesse de la bête ! —

Son cautère à peine soufflé,
L'opérateur courbant la tête
Adore ce qu'il a brûlé.

(Les Sonnets du docteur).

⁙

QUATRE ENIGMES
DE PIERRE DE LARIVEY

I

Je ne puis qu'à regret déclarer qui je suis,
Car mon nom, dont aucuns tiennent assez de conte,
Me fait, en y pensant, quasi rougir de honte,
Tant il ressent cela que dire je ne puis.
A qui me vet toucher je donne assez d'ennuis :
J'ay la bouche fort grande, et si bien peu je monte
La lèvre en sa rougeur le haut brazier surmonte,

Et suis noir jusqu'aux bords de mon large pertuis.
La chaleur bien souvent si fièrement m'allume
Qu'elle me fait jecter une baveuse escume,
Blanche, fumeuse, grasse, et coulante au dehors.
Laquelle, sans cesser, en moy toujours augmente,
Jusqu'à ce que la dame. ou bien quelque servante,
Me mette un chose dur roide et long dans le
[corps. (1)

II

Il est grand d'un empan et un peu davantage,
Beau, gaillard, en bon point, et de bonne grosseur,
Roide sur le devant, hardy, fort, ravisseur,
Et couvert à l'entour d'un tendre poil volage.
Il se rend familier à chaque personnage,
Pourvu qu'il soit gentil, adroit et bon chasseur ;
En combat quelquefois, il ne perd jamais cœur,
Ains, plus il est forcé, plus il prend de courage.
D'un rouge chapperon il couvre bien souvent
Sa testé, qu'à tous coups il veut mettre en avant,
Et presque nuit et jour grandes brayes il porte ;
Puis au bout, en tirant tousjours devers le bas,
Deux sonnettes il a, quasi de mesme sorte,
Lesquelles à plusieurs augmentent les esbas. (2)

(1) Le pot au feu.
(2) Le faucon de poing, usité pour la chasse.

III

Je vy ces jours passez une fort belle garce,
Négligemment coiffée, assize sur du foing,
Aiant les deux genoux l'un de l'autre si loing
Qu'ils occupoient quasi deux ou trois pieds
[d'espace.

Ses cuisses elle ouvroit d'une tant bonne grâce
Qu'entre deux on voyoit, vers le haut en un coing,
Un trou large et ouvert à y mettre le poing,
Mais qui faisoit, ce semble, assez laide grimasse.
Joyeuse, elle tenoit, à belles pleines mains,
Un chose gros·et long d'un quartier pour le
[moins,

Qu'elle mettoit dedans, d'une mine asseurée ;
Et remuant tousjours, tant elle le pressoit,
Que jamais en repos elle ne le laissoit
Qu'une doulce liqueur elle n'en eust tiree. (1)

IV

Je ne le veux celer, quand je me trouve à point,
Je vas veoir mon amy, je le pren, je l'embrasse,
Et si souvent son nerf entre mes doigts je passe
Que je le fais roidir, ne le voulust-il point ;

(1) **Une fille de village qui pile des herbes dans un
mortier.**

Après, le voyant prest, gaillard et bien en point,
Mes deux cuisses s'ouvrant d'un assez large
espace,
Je le meets entre deux, et si bien je le place,
Qu'on ne nous diroit qu'un, tant de près il me joint.
Adonc, d'un maniment fretillard et adextre,
Remuant haut et bas, ore à gauche, ore à dextre,
Entre mille douleeurs j'accomply mon desir ;
Et si par fois son nerf devient lasche et s'abaisse,
Avecques les deux doigts si bien je le redresse,
Que plus qu'auparavant j'en tire du plaisir. (1)

Fernand FLEURET,
Les Amoureux Passe temps des 16 et 17es siècles.

::: :::

ENIGME

Ce n'est mont ni coteau, rien qu'éminence mince,
Mais dessus l'on se sent gros sire en sa province.
Ce n'est val ni ravin, rien qu'un sillon étroit,
Mais l'on prise un vrai bien qu'on peut toucher du
[doigt.
On le cultive, mais le semeur — ô démence ! —
S'il croyait récolter, garderait sa semence.

(1) La viole de gambe.

Est-il rose de fleurs qu'aussitôt on le fuit,
C'est un verger qu'on veut sans boutons et sans
[fruit,
Là n'est rû ni ruissel dont s'humecte une grive,
Mais toujours sous la lèvre y naît la source vive.
Ce n'est ombre où musser un nid de roitelet,
Pourtant sous des fils d'or passe un bec d'oiselet.
L'herbelette plus haut pousse ses petits glaives
Que cet îlot de mousse entre deux blanches
[grèves.
Ayez bien garde à l'huis et le tenez célé,
Car la serrure tente, et tous en ont la clef.

Ch. T. Féret,
Le Bourdeau des Neuf Pucelles.

Quiproquo.

— Enfin puisque vous voulez devenir mon gendre, choisissez une de mes trois filles...

— C'est que... j'aime *les trois* !

— En ce cas, avec un goût pareil, prenez la plus jeune...

L'influence du milieu.

Le Monsieur. — Où irez-vous cet été, chère madame ?

La Dame. — A peu près nulle part. J'aurai un pied à Paris et l'autre à Dieppe.

Le Monsieur. — Je donnerais bien volontiers, un an de ma libertine d'existence pour être à Rouen !

Légende de Zyg Brunner : « Analyse... »

— Beaucoup de sucre.

— Alors c'est pas de l'amour, c'est de la gourmandise.

Le baron X... vient à l'improviste chez sa maîtresse, où le jeune Alfred qui s'y trouve n'a que le temps de se jeter dans l'armoire.

X... soupçonnant quelque chose, regarde partout d'un air scrutateur et se met à faire les plus amers reproches à la pauvre fille :

— Préférer un simple roturier à un homme noble et titré !...

— Pardon ! monsieur le baron... dit le jeune Alfred en sortant de sa cachette dans un appareil assez simple, il me semble que *possession vaut titres* !

La petite Marthe, qui fait la cour au vieux duc de X..., lui disait l'autre jour :

— Le bonheur est à portée de votre main, vous n'avez qu'à étendre le bras.

— Hélas ! soupira le vieux beau, s'il ne s'agissait que d'étendre le bras.

Bonnes ménagères.

— Dites donc, Marie, il doit vous rester de la volaille ? Vous ne l'avez pas servie entièrement ce matin.

— Bien sûr... J'avais levé mes deux cuisses

pour ménager une petite entrée à Monsieur pour
ce soir...

— Je vous tuerai !...
— Toi ?... Tu me raterais, même avec un
revolver !...

— Enfin, mon oncle, avouez qu'elle a une
gentille poitrine, et, que à la rigueur...
— Tu passerais bien sur le reste ?...

Enceinte !
— C'est vrai, ma fille... et de combien ?
— Oh ! maman ! De Paul seulement.

Ingénuité.
Un fermier revient des champs en compagnie
d'une belle fille de ferme. En passant près d'une
prairie, ils assistent aux « effusions » d'un taureau
et d'une vache.

« Dis donc, Marie, dit le fermier, j'ai envie de
faire comme lui. Qu'est-ce que tu en penses ?
— Allez-y, patron, dit la fille : après tout,
c'est votre vache. »

Jeunes mariés

— Et vous avez passé de bonnes vacances, chère madame ?

— Mon Dieu, mon mari et moi nous ne nous sommes pas ennuyés une minute, nous avons passé à la mer et à la campagne cinq mois... l'un dans l'autre...

Un tailleur prend mesure à un client pour une paire de pantalons. Son aide habituel étant malade, c'est sa jeune fille qui inscrit.

Le Tailleur. — 38, 42, 21... Hum !... Inscris : Port à droite.

La Fillette. — Oui, p'pa... c'est déjà marqué.

— Comment, vous osez parler à ce monsieur ? Vous ignorez donc qu'il a des mœurs déplorables.

— Raison de plus !... Vous ne voulez pas que je lui tourne le dos !

La paille et la poutre.

Une dame de la haute entre précipitamment dans un de ces chalets construits par l'édilité parisienne, en prévision de certains besoins qui se font vivement sentir.

La dame entre en répandant sur son passage

une violente odeur de bruyère des Alpes et de peau d'Espagne.

Et la préposée au chalet de s'écrier :

— Si c'est permis d'empester comme ça !

Un monsieur entre dans le même chalet, en lançant les bouffées d'un excellent havane.

La buraliste l'arrête en le priant de jeter son cigare.

— Mais, madame...

Elle, sévèrement :

— Nous sommes inodores.

Savez-vous pourquoi les corsets des dames se lacent par derrière ?

Pour que le chat ne joue pas avec les cordons !

Première dame. — J'ai une bonne et un piano droit.

Deuxième dame. — Moi, j'ai un domestique mâle..., le piano aussi...

— Mon capitaine, c'est rapport à une permission à l'occasion que ma femme va accoucher...

— Pas une raison, ça, mon ami... A votre pièce, vous êtes nécessaire pour le départ du coup ! Mais, pour l'arrivée, non !

Dans un lycée de jeunes filles.

— Abélard, dit le professeur, était un grand philosophe.

Une brunette à l'œil ardent murmure :

— Tant mieux pour lui, car il en avait rudement besoin, de philosophie !

Entre amis.

— Mon cher, j'ai un grave service à vous demander. Voulez-vous être mon témoin ?

— Est-ce au premier sang ?

— C'est pour un mariage !

En essayant des gants :

— Un peu étroits, mademoiselle...

— Monsieur se plaint que la mariée est trop belle...

— Eh ! bien, mon cher, et ce voyage de noces ?

— Très heureux !... Avec ma femme je suis allé jusqu'à Cette !

— Veinard !...

— Toi qui sais tout... dis-moi donc au juste ce que c'est qu'un microscope ?

— Un microscope ? C'est un instrument qui sert à grossir les objets...

— Ah ! très bien... Je comprends maintenant pourquoi mon mari me dit toujours que j'ai une main microscopique !...

— Les hommes d'autrefois étaient bien plus respectueux que ceux d'aujourd'hui ! Jadis le baron fut amoureux de moi pendant plus de trois ans, sans même que je le susse !...

Entendu sur les boulevards :
— Tu sais, ma femme vient d'avoir son septième,
— Compliments, mon cher, mais tu n'es pas raisonnable.
— Que veux-tu ? on ne peut pas rire avec elle sans qu'elle le prenne au sérieux ! »

— C'qu'il est chic, maintenant ! Paraît qu'il a trouvé une sinécure !
— J'la connais, elle s'appelle Marthe.

— Et vous, monsieur Boireau, qu'est-ce que vous trouvez de plus désagréable dans la vie d'un célibataire ?
— Ça dépend, des fois c'est la femme, des fois c'est le mari.

Entre petites dames qui se racontent l'histoire de leur premier faux pas.

— Moi, ç'a été avec mon cousin.

— Moi, avec un professeur de piano.

— Et moi avec... deux peintres. »

— Tu sais le dernier mot de Gladys. Comme nous reprochions devant elle à Percy de tromper Gustave : « Mais il faut bien qu'elle ait deux » amants, puisqu'elle dépense par an le double » de ce que chacun lui donne !... »

— Sûrement c'est une maison hantée... Nous avons été effrayés cette nuit sur le coup de onze heures, sur le coup de deux heures et sur le coup de trois heures du matin...

— Compliments !... Est-ce que c'est comme ça tous les jours, chère Madame ?

L'autre jour, chez Larue, entendu le dialogue suivant :

— Quelle est cette jeune femme si belle qui vient d'entrer ?

— Mlle C.....l, de l'Opéra-Comique.

— Celle qui vient de manger 200.000 francs en pleine guerre à M. L.....t de Saint-G.....n !

— Elle-même.

— Et ce jeune aviateur qui l'accompagne ?

— C'est son « *cure dents* ».

— Elle a été présentée par un commanditaire du patron, alors c'est elle qui sera le clou de la prochaine revue.

— Un clou qui sort d'un canapé.

Noté par Ch. Regismanset.

L'autre soir, devant la porte d'une maison close, deux chiens jouaient à la bête à deux dos. La matrone leur dit, par habitude, sans doute :

« Mais entrez donc, Messieurs ! Dames !...»

Un pauvre diable, après avoir violé une fillette, m'a confié, écrit encore Regismanset, que la crainte que l'enfant ne le dénonçât avait gâté tout son plaisir. C'est peut-être là ce que les moralistes appellent le « remords ».

Entre une jeune mariée et son amie :

« Où as-tu donc passé ta première nuit de noces ? demande l'amie à la nouvelle mariée.

— Ma première nuit de noces ?

— Oui.

— Oh !... *c'était* en plein jour !

Deux jeunes mariés regardent deux bouvreuils en train de se becqueter. Tout à coup l'un des oiseaux s'envole.

— Ah ! la vilaine bête ! s'écrie la jeune femme : je parie que c'est le mâle.

Au restaurant de la Cascade.

Une victoria s'arrête. Une jeune blonde descend...

— Tiens ! Irma, s'écrie une amie qui trempait un gâteau dans un verre de xérès.

— Ah ! c'est toi, comment vas-tu ?

— Comme les affaires..., assez tristement.

— Tu es seule ici ?

— Je ne sais pas, je ne fais que d'arriver.

— Elle veut faire croire que ça ne lui fait rien que Georges soit parti, elle rit, elle chante...

— Oui, oui, elle chante, comme une porte mal graissée.

— Surtout, vous ferez bien attention devant mon mari.

— Mais il est sourd comme un pot.

— Oui, mais un pot avec un œil au fond.

Une de nos plus célèbres cocottes est en train de préparer ses Mémoires. Le livre paraîtra sous ce titre : « *Mes Confessions.* »

— Où en est-elle ? demandait-on à l'un de ses amis.

— Elle s'occupe des matériaux !

La Goursu, à sa première grossesse, était furieuse. « Ah ! dit-elle, si je connaissais le gredin qui a fait le coup ! »

La petite F..., de l'Opéra, étant dans la même situation, on lui demanda : « Qui est-ce qui vous a fait cela, mademoiselle ? — C'est des messieurs que vous ne connaissez pas, » dit l'ingénue.

Un vieux beau sort du boudoir de Mlle Tata, de l'air le plus piteux et le plus déconfit. Arrivé dans l'antichambre, il s'arrête comme frappé d'une idée soudaine. Son front s'éclaircit ; il se redresse, et, d'un air triomphant :

— Enfin, s'écrie-t-il, je suis maître de mes passions !

D..., qui admire beaucoup, et avec raison, les Petites Sœurs des pauvres, disait l'autre jour à un de ses amis :

— Comparez donc la vie de ces garde-malades avec celle de ces filles évaporées qu'on rencontre dans les théâtres et dans les concerts de Paris.

— Hé ! mon cher ami, ces dernières sont les « petites sœurs des riches ! »

— Docteur, c'est là... voyez-vous, chaque fois que je... je... enfin chaque fois que je suis avec mon mari ça me prend là en bas d'une côte. Qu'est-ce qu'il faut faire ?

— Un changement de vitesse.

Le baron X... est éperdument épris de la célèbre demoiselle L...

— Elle me fera mourir, disait-il ; il y a huit jours, elle raffolait d'un Espagnol, et hier, je l'ai surprise au bras d'un Russe. ...

— Et que faisait-elle avec ce Russe ?

— Elle trouvait le Cosaque.

Le jeune homme timide. — Je voudrais... je n'ose... Il y a tant de monde ici... Enfin, mademoiselle, j'ai pour vous... je ressens....

Arlette (*agacée*). — Qu'est-ce que papa vous donne pour votre dimanche ?

Le jeune homme timide. — Vingt francs, mademoiselle.

ARLETTE. — Eh bien, moi, monsieur, pour ma nuit, on me donne cinq mille francs !...

LE JEUNE HOMME (*qui cesse d'être timide*). — Vous ne détaillez pas ?

— Tu verras... ta sœur... ça tournera mal, elle finira par avoir un enfant.

— Elle ! Ah ! là ! là ! pas de danger, elle ne reçoit que dans l'antichambre.

Toc ! toc !

Un coup impérieux ébranle la porte de la loge.

— Zut ! crie la jolie divette. On n'entre pas !

— Mais, mon petit loup, c'est moi, Gontran...

— Toi surtout... Je suis à moitié nue.

— Eh bien ! je ne regarderai que d'un œil !

Philosophe.

— Ma chère amie, si vous allez chez votre respectable mère, n'oubliez pas que nous avons des amis à dîner et priez qu'on vous éveille à temps.

Le petit vicomte, qui part en voyage, promet à sa maîtresse de lui envoyer le soir même de ses nouvelles par télégraphe.

— Écris-moi aussi quelquefois... par mandat-poste, riposte l'aimable enfant.

— Bien sûr que j'y crois ! Tiens, l'autre jour on était chez Clara, on se met à faire tourner des tables, tout à coup elle appelle son père...

— Et il est venu.

— S'il est venu ?... Il en est venu trois !

La scène se passe dans les coulisses d'un petit théâtre de genre très parisien.

Une théâtreuse interroge le médecin de service sur des douleurs qu'elle ressent depuis quelque temps.

Le docteur l'ausculte, la palpe, puis demande :

— C'est la première fois que ces douleurs vous prennent ?

— Non j'en ai déjà eu l'année dernière et on m'a fait des injections *sous-tannées* de....

— *Sous-cutannées*, vous voulez dire, reprend le docteur.

Alors l'artiste de répondre dans un adorable sourire, plein de naïveté et d'étonnement :

— Je ne pensais pas qu'il fût nécessaire de préciser l'endroit...

M. X..., planteur de la Jamaïque, de passage à Paris, s'est fait entôler de 4.000 francs
par une demi-mondaine nommée Héloïse Carina.
Arrêtée, et comme le commissaire de police lui
disait : « Vous n'avez pas honte d'avoir entôlé
un planteur qui vous honorait de sa confiance »,
elle répondit simplement : « Alors, qui voulez-
vous que j'entôle ? »

— Quoi, mes amis? Quoi, mes amis? Qu'est-ce
que tu veux dire ? Qu'est-ce que ça peut bien
leur faire à mes amis que je me marie ?

— Ça peut toujours leur faire une femme à
l'œil.

— Inutile d'insister, monsieur, mon cœur est
pris.

— Rassurez-vous, belle enfant, mes préten-
tions ne vont pas si haut.

Scène nocturne sur le trottoir. Une fille vient
d'accoster un monsieur qui s'éloigne en gro-
gnant :

— Eh ! f...-moi la paix, je t'dis : je suis marié...

— Oh ! la la... t'es comme les allumettes
suédoises, tu ne t'allumes que sur ta boîte.

Un vieux célibataire qui n'a plus guère d'illusions consent à se marier. Il a des rhumatismes et la solitude de son foyer lui pèse. Il épouse une femme qui n'est plus de la première fraîcheur et qui n'a jamais eu la réputation d'être une Jeanne d'Arc.

Le lendemain du mariage on plaisante, au cercle, le nouveau marié. Un camarade lui dit :

— Ça s'est bien passé ?

— Très bien.

— Pas trop de difficultés ?

— Pas trop.

— Mais encore...

— Eh bien ! figurez-vous une cinq chevaux dans l'avenue de la Grande-Armée !

Entre cocottes :

« Dis donc, Elisa, ce grand monsieur I run qui vient de te saluer... c'est un de tes ... abonnés?

— Oh ! non, je le vois quelquefois... C'est un acheteur au numéro I »

— C'est étonnant, cher ami, comme vous ressemblez à un homme que j'ai beaucoup aimé.

— Il y a longtemps ?

— Non, hier soir.

Ce n'est point, bien entendu, une bibliographie licencieuse que nous entendons donner ici. Nous ne citerons ni les livres d'amour de l'Orient ni les anciens, ni même plus près de nous le Divin Arétin, le patricien Baffo, Mirabeau ni Sade, Nerciat ni John Cleland, Restif de la Bretonne ni Voisenon, ni Crébillon, ni Piron, ni Grécourt, ni — plus près encore — les chansons de Théophile Gautier et celles de Monnier, celles de Glatigny et celles de Banville, ni *Hombres* ni *Femmes*, les œuvres érotiques de Gustave Droz non plus que le *Gamiani* de Musset etc...

Non, c'est dans des romans de lecture courante, des romans de vente normale, que nous voudrions signaler telles hardiesses : la *Fin — enfin — des leçons d'amour dans un parc* de René Boylesve ne se termine-t-elle pas sur une caresse singulièrement audacieuse ? La jolie Jacquette est dissimulée sous une grande table, aux pieds de son infidèle amant, le poète Alcindor, endormi, Et...

... sous la vaste table, le parquet luisait comme une glace pure, et il ne demeurait de vivant en face d'elle, que les genoux arrondis et tièdes du trop cher Alcindor endormi.

Experte, câline, amoureuse en dépit de tout, appliquée à ressaisir le volage et sans doute à balancer par l'ivresse une ingrate minute de panique, Jacquette haussant ses baisers le long du corps chéri, eut l'heur d'éveiller le dormeur par la sensation vive d'un plaisir de nature à rattacher enfin l'indolent amant à sa toute jeune et ardente maîtresse.

⁝⁝⁝

C'est — si nous comprenons bien — à peu près de la même façon que la jolie Carline Escarchon, dans *Monsieur Quatorze* de François Fosca, fait le bonheur de Stendhal, proprement ficelé sur une chaise dans une chambre d'auberge de la côte italienne par les conspirateurs de Vautrin. Coupons le passage où Carline s'explique :

« Il faut que je me confesse jusqu'au bout... Je suis tombée amoureuse de lui, mais follement amoureuse. Tant et si bien que... vous devinez le reste. Il est toujours attaché, rassurez-vous.

Mais, comme dit la chanson, l'amour se rit des obstacles. »

Et ne retrouvons-nous pas la même... procédure dans la délicieuse nouvelle — et si joliment perverse — de R. P. Bodin *Mon amant puéril*, que publièrent, il y a quelques mois, *Les Œuvres Libres*.

Au profond divan noir, sur des robes d'épousées afghanes et des chasubles aux ors défunts, Billy est étendu, despotique et nu, la tête renversée, les bras en croix, un de mes chapeaux perche sur son pied gauche.

La lampe voilée fait trembler sur sa peau des teintes de fruit ; ses belles lignes, comme une onde calme, s'écoulent, des coussins pleins de ténèbres jusqu'au tapis où je suis accroupie.

Du fond du gros pouf rouge et noir, la chère voix exige :

— Manouche ?

— Mon chéri ?

— J'veux quéqu'chose.

— Du porto, poupée ?

... Pas de réponse.

Mais les doigts tyranniques tirent mes cheveux, poussent ma joue, mon nez, ma tempe, le long de la claire poitrine, du tendre corps poli, nerveux et brun, qui s'arque et me frôle.

Au fond des soies précieuses, c'est bientôt un doux gémissement enfantin, une plainte d'agneau qui saigne, et ces syllabes exténuées :

— Chérie, chérie... avec la lumière...

⁘

Ne laissons pas « cet amant puéril » — puéril,
si on veut, encore que... — sans noter encore
cette scène assez troublante : le petit lad irlan-
dais Mike vient de seller le cheval de Billy Boy,
l'amant puéril, qui se prépare à aller faire au
Bois son tour quotidien. Mais coupons :

Et voici que Billy pousse un épouvantable
juron :

— Nom d'un chien d'nom d'un chien d'nom
d'un chien !

Et il me montre ses culottes (des amours de
petites culottes en peau de phoque, souples
comme un gant, que nous rapportâmes d'Inver-
ness), où, à l'endroit que votre perspicacité
m'évitera de nommer, s'ouvre un abîme inquié-
tant.

— Qu'y a-t-il, Billy *o mine* ?

— T'as donc pas d'yeux ? Deux boutons de
sautés !

— Ça n'est rien, Jeanine en a pour une seconde
à...

— Tu penses, des fois, que j'vas enlever mes
bottes et délacer mes culottes ! M'faudrait vingt
minutes !

— Mais je puis les coudre sur toi, poulet, si
tu veux ?

— Tu saurais ?

— Pour sûr. Déboutonne-moi ça.

Affairée, je me précipite à la lingerie, en reviens avec une aiguillée de fil, m'agenouille et me mets au travail.

Je me pique les doigts tandis que le bourreau tire mes cheveux et me pince le nez, j'embrouille mon fil, je me presse, les sourcils joints au-dessus de ma bonne volonté, toute à ma besogne...

Et tout à coup, voilà-t-il pas que les petites culottes...

Indignée, je lève sur Billy des yeux sévères. Mais, étouffant un rire :

— Mike, dessellez ! crie Billy-Boy.

⁝⁝⁝

Que si nous cherchons l'inverse, si nous osons dire, de la si précise caresse que nous citions un peu plus haut, nous la trouverons notamment dans le roman rhénan de Pierre Mac Orlan : *Malice*.

Nous sommes encore dans une chambre d'hôtel, mais à Mayence. Loulou est une petite prostituée allemande, Saint Jérôme un jeune journaliste français. Ah ! ces Français ! Citons :

En pyjama, Loulou fumait une « Batchari » à bout d'or.

— Tu es bien gai, fit-elle.

— C'est la vie, ma chérie, c'est la vie.

Il la prit par la taille, lui claqua la croupe et se mit à tourner avec elle dans la chambre. Elle se dégagea et se laissa choir dans un fauteuil.

— Es-tu fou ? laisse-moi tranquille... Ou alors, tiens, embrasse... ici... et là...

Saint-Jérôme se releva au bout d'un moment, les oreilles violettes. Il se rinça la bouche et alluma une cigarette prise dans la boîte deLoulou.

⁞⁞⁞

N'oublions pas, ici, l'initiation de Jeanne-Aurélie Grivolin qui connut cette nouveauté très exactement le 30 juin 1802, puisque nous lisons dans son journal intime — oh ! combien ! — à la date du 1er juillet :

Nouveauté ! mais comment la nommer ? *(on voit que Jeanne-Aurélie ignorait encore la terminologie d'un art qu'elle apprenait peu à peu, par la pratique).* Pour en garder ici le souvenir, j'écris seulement : jusqu'ici mon ami n'avait traité la douceur cachée de ma chair que comme une belle fleur dont on respire l'odeur et sur laquelle on aime à poser les lèvres ; mais hier au soir, elle fut pour lui comme un fruit savoureux. Pour moi, douceur, douceur et l'étonnement que l'extase en pût naître !

⸪

Et voici, dans l'*Idylle vénitienne* de Gabriel Soulages toute une gamme de caresses ; ne retenons que trois chapitres ; celui, au début de l'aventure, qui s'intitule « Résignation » :

— Cette feuille !... cette feuille qui tombe... voyez !... Bientôt nous nous dirons adieu ; nous pleurerons ; votre train sifflera. Quinze jours encore cependant ! Il nous reste quinze jours qui pourraient être, si vous le vouliez, les plus doux, les plus bleus de ma vie !... Mais vous êtes la Très Sage, et vous baissez les paupières, vous rougissez, vous faites « non » de la tête... Aussi, c'est juste, je suis trop difficile ! Pourquoi ne pas me contenter de ce beau lis qu'est votre âme et que vous m'avez donné, et du miel de vos baisers, et des deux rubis de votre gorge, et de l'anneau de corail que, chaque soir, dans la gondole — tandis que votre mari, près de nous, rêve aux étoiles — je glisse en cachette à mon doigt !

Et d'un, — qui rappelle l'anneau d'Hans Carvel cher à Anatole France. Deuxième épisode : *Un peu de Mythologie.*

Ça l'amusait :
La nuque au dossier du fauteuil, les yeux mi-clos, elle souriait surprise et ravie.

— Vos baisers, soupirait-elle, vos baisers, c'est drôle, se sont faits tout menus ? Ils grimpent le long de ma jambe, à présent, comme un petit insecte agile !

Zeus ne s'est-il pas mué en fourmi pour atteindre la nymphe Clitoris ?

Pour le troisième, il s'appelle *Escapade* ; nos amants sont près de Venise, à Burano ; déjeuner champêtre ; au dessert :

— Rien qu'un biscuit sec ? Pas un raisin ? pas une pomme ? pas une figue ? Tant pis ! cette fiasque de Marsala remplacera le dessert.

Une goutte encore... Buvez !...

Il fait chaud ? Oui, c'est cela : quittez votre jupe et, puisque la tête vous tourne, venez ici, sur le canapé, près de moi...

Pourquoi la servante nous a-t-elle conté que, cet automne, les orages et le vent du sud ont dévasté tous les vergers ?

Quel est ce fruit, tiède et juteux, sur ma bouche ?

⁑

Au cours d'un roman, chinois il est vrai, *Bijou-de-Ceinture*, M. Soulié de Morant nous fait pénétrer dans une étonnante école de Pékin ;

on y dresse les jeunes enfants aux trois mille caresses :

Les petits garçons, assis sur des bancs, avaient leurs robes étalées autour d'eux et ne bougeaient pas. Cette immobilité surprenante prit fin soudain sur un signe du professeur. Tous les enfants se levèrent. Qu'étaient donc ces pointes en buis de tailles graduées sur lesquelles ils étaient assis ? Tchang, suivant la direction de mes regards, me dit :

— C'est progressif... autrement on risquerait de les blesser.

Et, un peu plus loin :

Les repas furent agrémentés d'un jeu nouveau. Un des enfants de Tchang, caché sous la table, avait le devoir d'adresser ses attentions à l'un des convives. Et ceux-ci, attentifs, se surveillaient l'un l'autre, guettant le moindre signe de défaillance décelant le favorisé qui, désigné, devait se lever aussitôt et, sa faiblesse constatée, s'engager à quelque invitation coûteuse au profit des vainqueurs.

Une originale façon, certes, de tirer la fève !

⋮⋮⋮

Mais c'est à Paris que nous voudrions, pour terminer, revenir. Dans un livre très original *La Beleba*, après avoir conté cette piquante anecdote :

« J'ai vu l'an dernier, à Houlgate, le succès d'un imposteur malin. Il avait déchaîné un scandale. Chaque jour, il prenait son bain. Et, quand il sortait de l'eau, son vêtement collait sur une forme de proportions indécentes, en toc, on l'a su plus tard, et liée aux hanches par un cordon. Toutes les filles louchaient. Il épousa la plus riche. C'est dans l'ordre. »

M. Emmanuel Bourcier nous révèle un détail dont nos lectrices pourront aisément vérifier l'exactitude :

« En général, les hommes ne savent pas — et n'osent pas. Le vice ? Il faut qu'ils l'apprennent. C'est long. Il m'a fallu des années pour comprendre la persistance et l'étendue de la débauche. Je la croyais exceptionnelle, de bonne foi. J'étais aveugle : comme les enfants. Tenez, j'avais près de quarante ans quand je me suis aperçu qu'aux Tuileries les statues étaient d'un sexe sur un côté et de l'autre sexe en face. L'éducation de la jeunesse par l'image...

« Adolescent, l'observation d'un camarade sur l'obscénité de l'Arc de Triomphe m'avait écœuré. Vous connaissez la chose ? Le jeune guerrier de Rude et son émoi, fait d'un morceau de l'autre groupe, et qui s'érige au fur et à mesure que le spectateur recule vers l'ouest ? »

Amis lecteurs, amies lectrices, quand vous passerez sous l'Arc de Triomphe, ne manquez pas de vérifier...

TABLE

ACHEVÉ D'IMPRIMER
LE 18 DÉCEMBRE 1925
PAR CHANTENAY
IMPRIMEUR A PARIS